人文社会科学通识文丛

总主编 刘德海

"文学江苏读本"

晚明"曲坛盟主"话说沈璟

朱雯 朱万曙 著

江苏人民出版社

江苏省哲学社会科学界联合会
《人文社会科学通识文丛》

总 主 编	刘德海
副总主编	汪兴国　徐之顺
执行主编	吴颖文　冯保善

编 委 会（以姓氏笔画为序）

叶南客　冯保善　刘伯高　刘宗尧
刘德海　杨东升　李祖坤　吴颖文
汪兴国　陈玉林　陈法玉　陈满林
赵志鹏　倪郭明　徐之顺　徐向明
徐爱民　潘法强

选题策划　吴颖文　冯保善　倪同林　工　军
　　　　　　刘　洁　葛　蓝

江苏省哲学社会科学界联合会
《人文社会科学通识文丛·文学江苏读本》

主　编　萧相恺　冯保善　苗怀明
编委会（以姓氏笔画为序）
　　　　王学钧　冯保善　乔光辉　吴　敢
　　　　张　强　陆　林　陈桂声　苗怀明
　　　　赵兴勤　萧相恺

目 录

引言 / 001
    （一）传奇创作 / 002
    （二）散曲 / 003
    （三）曲谱及曲论 / 003

一、沈璟的家世与生平 / 005
    （一）吴江沈氏世家 / 005
    （二）从神童到进士 / 009
    （三）京官十五年 / 012
    （四）壮岁辞官及其原因 / 015
    （五）寄情词曲 / 023
    （六）曲学朋友 / 028
    （七）"儒道互补"的思想 / 032

二、"属玉堂"中的戏曲创作 / 040
    （一）沈璟创作概貌与创新 / 040
    （二）"场上之曲"的艺术特征 / 046
    （三）水浒戏《义侠记》/ 053
    （四）市井风情戏《博笑记》/ 059
    （五）散曲及诗文创作 / 062

三、沈璟的曲学及其贡献 / 069
    （一）明中叶戏曲创作的技术性难题 / 070
    （二）"词人当行，歌客守腔"：【二郎神】套曲的理论
        指向 / 074

（三）《南词全谱》：沈璟曲学对技术性难题的化解 / 079

（四）"汤、沈之争"的是与非 / 089

四、吴江沈氏的戏曲之风 / 107

（一）从文学世家到戏曲世家 / 107

（二）沈自晋与他的《望湖亭》传奇 / 109

（三）沈自徵和他的《渔阳三弄》杂剧 / 113

（四）吴江沈氏女作家群体 / 123

引　言

公元 1589 年,在中国历史上是万历十七年。这是一个平常的年份,没有发生战乱,也没有大的灾荒。但对于大明王朝的官员沈璟来说,却很不寻常。

前一年,他刚刚升官,担任了光禄寺丞。光禄寺虽然不是朝廷重要的机构,寺丞也不是这个机构的第一长官,但职级却是从六品,比七品知县还要高半级。何况这一年,他才 37 岁。

在官场上,总是需要熬岁月,需要一步步地晋级,也需要等待机遇。只要他熬下去,他的仕途仍然充满了希望。然而,他竟然辞去了这个职务,回到了家乡吴江县。在那个唯"官"是尚的时代,放弃了能够让自己有脸面、让家族有荣光的朝廷命官不做,实在是一件令人不可理喻而且非常遗憾的事情。但人生也总是遵循着有"舍"就有"得"的辩证法。沈璟放弃了仕途,虽然回归平民身份,无疑也获得了自由的乐趣。他不需要面对朝廷的派系斗争,不需要为了保全自己而忧心,当然也不需要承担无论什么职务都必须履行的职责,他只要过自己想要过的生活就可以了。

退隐吴江后,沈璟很快获得了自己的生命乐趣。除了喜欢文人们一向玩弄的诗词之外,他还喜欢上了在家乡日益流行的戏曲,而且一发不可收。他养起了家庭戏班,他创作了不少的戏曲剧本,他研究戏曲的格律,编曲谱、编韵书。他的交往圈,也逐渐由官员转移到了和他有着同样喜好的文人之中。他实现了自我的转型——由一个朝廷命官,变成了一个戏曲家。

人生就是如此地有"舍"有"得"。如果在官场一直熬下去,沈璟或许能够成为一位品级更高的官员,甚或入阁主政,但更大的可能是碌碌无为。因为身在官场,命运从来难以自己做主。沈璟舍弃了那条不可知的仕途,却在戏曲创作和理论上获得了令人瞩目的成就。除了诗文以外,他的作品可以开列如下:

(一)传奇创作

1.《属玉堂传奇》十七种。按吕天成《曲品》排列顺序依次为:《红蕖记》《埋剑记》《十孝记》《分钱记》《双鱼记》《合衫记》《义侠记》《鸳衾记》《桃符记》《分柑记》《四异记》《凿井记》《珠串记》《奇节记》《坠钗记》(又名《一种情》)《博笑记》。其中《结发记》是与吕天成合作。吕天成《曲品》中说:《结发记》"是余所作传,致先生而诺之者"。今存七种:《红蕖记》《埋剑记》《双鱼记》《义侠记》《桃符记》《坠钗记》《博笑记》。另外,《十孝记》的曲文尚存见于明胡文焕所编《群音类选》中;在《南曲全谱》及沈自晋《南词新谱》中,也收有《凿井记》《分钱记》《珠串记》《结发记》等作品的少量曲文。

2. 改编汤显祖《牡丹亭》为《同梦记》,改编《紫钗记》为《新钗记》。两种作品均散佚,但《同梦记》还有[真珠帘][蛮山忆]两支曲子收录在沈自晋《南词新谱》中。

(二) 散曲

1. 有散曲集《情痴寱语》《词隐新词》《曲海青冰》,今皆不存。但在《太霞新奏》《吴骚合编》《彩笔情词》及沈璟自编《南词韵选》中,尚可辑得套数四十套、杂宫调一首、小令二十三支。

2. 编《南词韵选》,今存,选录了王九思、康海、唐寅、祝允明等二十五位散曲作家的散曲作品,间有沈璟自己的作品。另编有《北词韵选》,已亡佚。

(三) 曲谱及曲论

1. 曲谱:《南曲全谱》,又别题《南九宫十三调曲谱》《新定九宫词谱》《增定南九宫曲谱》,今存。

2. 曲论:《遵制正吴编》《唱曲当知》《论词六则》《评点时斋乐府指谜》,均散佚。乾隆《吴江县志》还多出《古今南北词林辨体》一书目。此外,沈璟还考订了《琵琶记》,今亦不传。

个人的成就是一方面。沈璟的戏曲创作和研究,还影响到明代后期其他戏曲家。在当时,他所受到的推崇和赞誉,在某种程度上,还超过和他同时的汤显祖。吕天成著《曲品》一书,在论及当代戏曲家的高下时,将沈璟与汤显祖的作品同列为"上之上"品,但又将沈璟列于汤显祖之右,并且解释说:"予之首沈而次汤者,挽时之念方殷,悦耳之教宁缓也";王骥德在其《曲律》一书中也认为,沈璟于明传奇的"中兴之功,良不可没";而同时的另一位戏曲家毛允燧在《〈曲律〉跋》中则推沈璟为"词坛盟主"。

舍弃了仕途,沈璟不仅成为一位成就突出的戏曲家,而且成为一位在当时有着重要影响的戏曲家,甚至被称为"词坛盟主",这大约是他辞官的时候所没有料到的。

对于沈璟这位"词坛盟主",文学史、戏曲史都有介绍,但限于篇幅,大都比较简略。其实,在漫漫历史长河中,每一个在文化上有建树的人,都有自己的人生故事,都是一个世界。沈璟亦如此。要知晓沈璟的人生、创作端的,且容我们一一道来。

一、沈璟的家世与生平

（一）吴江沈氏世家

本书话说的主人公沈璟，是江苏吴江县人。话说沈璟，必须从吴江沈氏世家说起。

在姑苏城里，搭上一条悠然的篷船，沿着运河、向着东南，吱吱哟哟地摇过二十里，就可以看到一个"水巷人家尽枕河"的江南小镇。那悠远而古老的大运河，默默的倚在它的身畔，千年不休的缓缓流淌。而那白帆红菱的太湖，也在它纵目远眺的尽头，闪烁着粼粼的波光。"平湖落雁""太湖春波""洞庭白云""垂虹夜月""华严晓钟""海云夕照""夹浦归帆""龙庙甘泉"，这八景曾经吸引了无数的骚人墨客在此驻足，陶醉在江南水镇温婉的怀抱里，并留下了数不胜数、清丽绝伦的诗赋题咏。宋人姚铉《吴江》诗道："勾吴奇胜绝无俦，更见松江八月秋。震泽波光连别派，洞庭山影落中流。汀庐拥雪藏鱼市，岸橘风香趁客舟。清兴不穷聊一望，烟空云雾倚层楼。"这是八月的吴江：震泽镇的波光，洞庭山映落在水中的倒影，还有热闹的鱼市和飘荡的橘香，难怪诗人说吴江之"奇胜"是别处难以比拟的了。

明代中叶以后，江南

吴江慈云塔

是天下富庶之地。紧靠苏州府的吴江县自也是富庶可羡。这从冯梦龙的小说《施润泽滩阙遇友》对盛泽镇的描写可以看出:

> 说这苏州府吴江县离城七十里,有个乡镇,地名盛泽。镇上居民稠广,土俗淳朴,俱以蚕桑为业。男女勤谨,络纬机杼之声,通宵彻夜。那市上两岸绸丝牙行,约有千百馀家,远近村坊织成绸匹,俱到此上市。四方商贾来收买的,蜂攒蚁集,挨挤不开,路途无仁足之隙。乃出产绵绣之乡,积聚绫罗之地。江南养蚕所在甚多,惟此镇处最盛。有几句口号为证:东风二月暖洋洋,江南处处蚕桑忙。

作为小说作品,其中不免有所虚构,但冯梦龙是苏州人,对于处在不远的盛泽镇,不会不了解。从这段描述中可以见出,这里丝织业极其发达,商业极其繁兴。吴江不仅富庶,也有着悠久深厚的文化积淀。尤其是宋元以后形成的著姓望族,更注重文化传统的承袭和文化的品味。吴江沈氏家族就是其中之一。

1. 200年形成的望族

吴江沈氏的始祖叫沈文,元代末年因为躲避战乱而移居吴江。其次子沈敬"以勤俭理家,家日饶",不仅使家族的经济状况有了改善,他还在吴江县城

清代彩绘《苏州市井商业图》

建了一座楼,"可以眺远,署曰揽胜楼"。沈敬的次子沈巽"始业儒",虽然没有在科举考试中取得功名,却开启了吴江沈氏读书而振兴家族的历程。

经过几代读书业儒的积累,沈璟的曾祖父沈汉终于在正德十六年考中进士。《吴江沈氏家传》记载,沈汉"少贫力学,倜傥有志略,身长七尺,美修髯,善谈论,人见之无不敬者"。中进士之后,他官至户科给事中,可是,他生性耿直,"不肯事权贵",以直言谏诤而被罢官。沈汉的性格,或许也在一定程度上影响了吴江沈氏的文化性格。在沈璟的身上,还能够看到这种沈汉的为人风范。

沈汉而后,其次子沈嘉谟、三子沈嘉谋均业儒读书。沈嘉谋虽然没有科举功名,却以南京国子监生选授上林苑佳蔬署署丞。沈嘉谟之子、也就是沈璟的堂伯父沈位,跟随唐顺之、茅坤学习,在古诗文写作上得到他们的传授,在应天乡试中考了第一名,隆庆二年中进士,授翰林院检讨。

沈嘉谋的长子沈侃,也就是沈璟的父亲,同样业儒读书,只是科举考试一直不顺利,他把对科举功名的追求转移到沈璟和沈瓒这两个儿子身上,最终,两个儿子都考中了进士。与此同时,沈璟的族兄弟沈錡、沈玪、沈珣也都先后考中进士,《乾隆吴江县志》记载,他们与沈璟、沈瓒被时人称为"沈氏五凤"。

从元代末年沈文移居吴江,到"沈氏五凤"的声名鹊起,经历了200年左右的积累,沈氏终于成为小小吴江县的著姓望族。

吴江沈氏家谱

2. 吴江沈氏家族的家风

作为著姓望族,吴江沈氏家族不仅体现在其家族成员获得科举功名,以及获得科举功名后的仕宦上。在200年的积累中,这个家族就逐渐形成了自己的文化传统,或者如今天我们所谓的"家风"。

从沈文的四世孙、沈璟的高祖沈奎开始,就以"孝友"传家。《吴江沈氏家传》不仅记载他"性孝友",而且还记载了他对父母的孝敬行为:他母亲"苦目眚",大约是白内障,医生说不能治愈,他就"亟舐之,如是数月良愈"。不知用这种方法是否能够真的治愈白内障,但至少沈奎的孝心是让人感动的。他的父亲生病,他衣不解带的服侍。对于兄弟,"昆弟四人同居,有无相通,无片言相忤"。和亲戚相处,他做到"亲戚有所不足,往往取办于公"。他的这些行为,完全符合儒家规定的为人准则。

沈奎的儿子沈汉,尽管考中进士,入朝为官,但在文化观念和性格上同样遵循着儒家的教义。他性格耿直,在任刑科给事中的时候,就直陈时弊;嘉靖六年任户科给事中,他不事权贵,"直言谏诤,颠跌不悔",终于因忤皇帝旨意而被廷杖下狱,削籍为民。他的儿子沈嘉谋,在沈汉被廷杖下狱后,服侍前后,衣食均一人管待,孝心可鉴。

在《吴江沈氏诗集录》、《吴江沈氏家传》和《家谱》中,我们看到诸多类似的记载,如沈位"性孝友,能拯人之急";如沈倬"事亲及兄,以孝友闻"。

崇尚文学,也是吴江沈氏家族的文化传统。这个传

吴江师俭堂

统也是从沈奎开始的,现存的《吴江沈氏诗集录》中将他列为第一位,收录其《述怀》诗二首,并称赞他的诗文"风格淳古,直逼汉魏"。沈奎之孙、沈璟的堂叔父沈位和沈倬,都在文学上有所建树。沈位的诗歌"师晋宋近体,宗盛唐",《吴江沈氏诗集录》收其诗作44首,朱彝尊称赞说其诗"丽以则"。沈倬本人虽然没有取得科举功名,但他的儿子沈琦、沈玹均中进士。《吴江沈氏诗集录》收录其诗达61首,并记载他"读书过目成诵,学文于归安茅副使,学诗于金坛张太守祥鸢。每有作,操笔立成,咸中纪律。……为诸生,负重名,而连不得举,乃寄情诗酒,游览山水。遂溯江汉,登太和,历齐云,泛西湖以归。到处辄为咏歌,时皆传诵。"朱彝尊评价他的诗作"清远秀逸,品格甚高,与七子同时而不染其习者也"。

吴江沈氏世家的文化品格,首先是以"孝友"为外在特征的儒家文化风范,其次则是对文学的崇尚。这种文化品格或者说"家风",对于本书的主人公沈璟无疑产生了深刻的影响。

(二)从神童到进士

吴江县治的所在,唤作松陵镇。大明嘉靖三十二年(公元1553年)二月十四日,沈璟就降生在松陵镇。

或许是"造化钟神秀"的缘故,出生在这样一个江南水国之乡,少小时候的沈璟,就生得清秀白皙、眉目如画。身形瘦弱的

吴江同里古镇

他,仿佛蕴含着与生俱来的几分书生气。而特别引人注目的,便是他的颖悟聪明、天资过人。才几岁的时候,他就能对答出大人命拟的对联,并且声音响亮,绝无羞涩委琐的情态。长辈教他读书诵习,几乎能够过目成诵。这样的天资聪颖,着实是令人惊诧的。因此,乡里中沈家"神童"的名号,也就越发的响亮、传奇了。

在沈璟十多岁的时候,他的父亲沈侃,开始领着他去拜会当时的名流。刑部主事唐一庵、南赣巡抚陆北川、苏州知府蔡国梁等等的一时名贤,都非常的赏识沈璟。在他们眼中,这个眉目清秀的小小书生,是如此的天资迥异,日后必将会是大明王朝的栋梁之材。

确实,当这个神童来到世上,并渐渐长大的时候,谁也未曾料想到,他日后之所以名焕青史,竟是缘于他是一位戏曲家。

《明史》中有沈璟曾祖沈汉的传记,沈璟的名字则仅仅是一语略及而已。在明代的社会中,就每一个个体而言,人生的最佳选择就是读书,书读好了便去做官,乃至成为至高无上的皇帝膝下的一个忠实臣子。"万般皆下品,惟有读书高","学而优则仕",这是那个时代眼中最为明媚的人生道路。

沈璟一来到这个世上,就不得不接受这一被社会所公认、为前辈所早已规定好了的"最佳选择"。这样的人生规划,自然的是出自沈璟的父亲——沈侃。和那个时代绝大多数的读书人一样,由读书而仕进也是沈侃个人的期许与愿景。然而,天不遂人愿。在读书与仕宦之间,沈侃的人生愿景中却深嵌

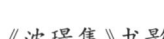

《沈璟集》书影

下一块难以移易的巨石——科举考试。是呵,世间的读书人何止万千,却又有几人能够"春风得意马蹄疾,一日看尽长安花"!从名落孙山到屡试不第,沈侃终究未能推开登科仕宦这扇沉重的大门。甚至在沈璟都已考取进士后的几年,沈侃仍旧带着次子沈瓒一道在科场搏杀。然而,直到次子也考中进士,沈侃所收获的,却仍是一次次的落第而归。

科场上的屡屡败北,以及其间那些不足为外人道的挫折艰辛,使得沈侃对诸子的学业愈加严苛。在沈璟的亲家、王世贞之弟王世懋为沈侃所作的传记中,特别提及沈侃"训督诸子严急,不遗余力"。据王氏所记,沈侃对三个儿子的要求甚至到了苛刻的地步:"少弗弄,长不令见异物。过必谯,出入必与谐;所延致必明师良友,凡文之佳者无弗秘而习也"。倘若说与今天的青少年们听听这位父亲的要求:从小严禁玩耍,也不让见到任何稀奇的物事以免分心,有错必责罚,平日里只许和良师益友相往来,凡是好文章则必须揣摩学习……大概他们十之八九是要大叫其苦的吧。

沈侃一生的诗作,至今只有一首存世。这仅存的一首七律,是万历二年沈璟前往京城参加会试,沈侃送至镇江,临别时所作。诗题叫做《春日焦山与璟儿言别兼勖瓒儿》,诗云:

> 江风习习水增波,江上轻云映薜萝。
> 花鸟留连堪唱和,关山游览易蹉跎。
> 春光渐觉闲中老,行色宜怜梦里多。
> 此去燕台须努力,莫叫汗血后鸣珂。

这首沈侃仅存的诗作,只能称得上是中规中矩,谈不上什么艺术上的美感。但是,沈侃在诗中感叹自己年岁渐老、春光易去、功名难就,只得寄望于儿辈,并在临别之际仍不忘谆谆教诲的心绪,却隐然若见。

在沈侃如此这般的殷殷期望,以及"不遗余力"的督促之下,沈璟读书十分勤勉。再加上沈璟本人天资聪颖,在科场上,确然是春风得意的。

十六岁,沈璟就补为邑弟子员。

十八岁,沈璟被录为廪膳生员。

二十一岁,沈璟在应天乡试中考取第十七名举人。

二十二岁,沈璟参加会试,名列第三。在随后由皇帝亲自主考的廷试中,沈璟得二甲第五名,赐进士出身。

"一举首登龙虎榜,十年寒窗无人知"。

转眼间,昔日的小小神童,一跃龙门而成为大明王朝最为年少的进士,真可谓是少年得志了。

(三)京官十五年

1. 从兵部到吏部

万历二年(公元1574年),沈璟作为新科进士,在兵部"观政"(如同今日的"见习")一段时间后,于当年被正式任命为兵部职方司主事。"朝为田舍郎,暮登天子堂",从这年起到万历十七年辞官回乡,沈璟经历了他十五年的京官生活。

身居庙堂的沈璟,尽职尽责地为大明王朝贡献着自己的一腔热忱。兵部职方司,是兵部所属四司(武选、职方、车驾、武库)之一,主要掌管军政、舆图、征伐、镇戍等事务，它需要对全国各地的军队情况都十分了解，其职司可谓是细密繁琐。为了娴习其职司，沈璟将诸多将官的名字，以蝇头小楷一一抄录下来，放在随身携带的口袋里，以便随时查考、记诵。不多久，沈璟对于各地驻军及其各自将领的熟悉程度，便着实让他手下的人惊诧不已了。

在兵部职方司供职五年之后，沈璟调任礼部仪制司，并被擢升为员外郎。仪制司，是礼部所属四司（仪制、祠祭、主客、精膳）之一，顾名思义，即以朝廷的礼仪制度为其职司。其所承担的细务，则包括诸如颁定朝仪、起草礼文、掌管帝室与王国的各项礼仪等等。简而言之，大明王朝但凡任何的官方活动，大概都要由礼部仪制司来确定其相关的礼仪，以免贻人笑柄。由于其事务的枯燥繁琐，仪制司例来是礼部最为忙碌的一个司。但是，沈璟同样以他认真负责的态度，将这各方事务尽皆处理的有条有序、一丝不紊。甚至连校勘记录宗室、藩镇的名封文件这样的小事情，他也要亲力亲为，而不是随意丢给一般的僚属去处理。

到了万历九年（公元1581年），沈璟又再度调任至吏部。在吏部，沈璟先后担任过稽勋司、考功司、验封司员外郎。他依然是那样的兢兢业业，时时留心察访，为国家铨叙人才。

2. 上谏"国本"

万历十四年（公元1586年），沈璟的仕宦生涯横遭挫折，甚而一度罢官出京。追本溯源，亦即是坊间所津津乐道的明末三大案——梃击、红丸、移宫的源头——万历皇帝的太子之争。万历皇帝明神宗朱翊钧的皇后一直未得

麟儿,万历十年宫女王氏为万历皇帝生下了长子朱常洛,母子二人却并未得到皇帝的垂青。如所周知,万历皇帝最所钟爱的那位郑贵妃,终于在万历十四年生下了皇子朱常洵。

这一下,天子与朝臣在选择继承人一事上,终于是针尖麦芒、针锋相对了。

在朝臣们看来,按照封建宗法的原则,皇位继承人自然是"有嫡立嫡,无嫡立长"的。既然皇后无子,长子朱常洛无疑是法定的皇位继承人。朝臣们毫不介怀于常洛生母王恭妃地位的卑微、以及其在内廷的无宠,众口一词的请立常洛为太子。但是,以明神宗对郑贵妃的宠溺,"三千宠爱在一身",皇帝当然是想要将朱常洵立为皇位继承人。因此,他有意拖延,迟迟不将朱常洛册立为皇太子,其用意不问自明。

万历皇帝与众朝臣在立太子一事上的分歧,可称是无法调和的矛盾。皇帝试图借着"拖字诀",拖到终于能将常洵立为太子的那天。朝中的大臣们如何不知道皇帝的心思。他们开始为"国本"担忧,唯恐神宗皇帝哪一天真的废长立幼,一来坏了祖宗的规矩,二来极易引起朝廷的内乱。自小饱读圣贤书的沈璟,毫无意外的成为此派大臣的一员。沈璟径直给明神宗上了个疏本,要求赶快册立朱常洛为皇太子,同时进封王恭妃为贵妃。这一直批逆鳞的举动,自然使得明神宗大为光火,盛怒之下,皇帝下令将沈璟连降三级,由员外郎降为行人司司正,并差他返回吴江县,实际上是稍稍体面地把他

万历帝朱翊钧画像

一、沈璟的家世与生平

攥出了京城。明人姜士昌所作《明故光禄寺丞沈伯英(璟)传》这样写道：

> 吏部雄司也，公所忧者至计，又谓言官不当以言被谴，不惜一官争之，盖一日名重天下矣。

"一日名重天下"，正是朝堂之外的士林，对沈璟抗颜直谏的赞赏。

（四）壮岁辞官及其原因

万历皇帝大概也知道，敢于直谏的沈璟，虽然在立太子一事上没有让自己顺心如意，但他终究是尽忠于大明王朝的臣子。因此在被贬谪沈璟的第二年，皇帝再度起用沈璟，任命他作为顺天乡试的同考官，次年又将其擢升为光禄寺丞。

光禄寺是掌管"祭享宴劳酒醴膳羞之事"的机构，凡是朝廷的祭祀、犒赏、宴会等活动，包括各种食物、果品的准备，均由其承担。光禄寺设"卿"一人，是第一长官，从三品；"少卿"二人，为副长官，正五品；寺丞二人，从六品。

但是谁曾料想，万历十七年（1589），也就是沈璟升任光禄寺丞的第二年，他却称病辞官。"小舟从此逝，江海寄余生"。自此，沈璟终其一生，再也没有回到朝堂。

这一年，沈璟三十七

吴江退思园

015

岁,正当壮年。

壮岁辞官,无疑是沈璟人生中的转折点。这既是他仕宦生涯的结束,却也开启了他步向戏曲艺术殿堂的旅程。

在四百余年后的今天,我们并不惋惜大明朝或许曾经错过一位能臣,反而要庆幸一位让戏曲艺术由此别开生面的人物自此诞生。

沈璟为何要壮岁辞官呢?依照有些学者的看法,是因为他在担任顺天乡试同考官时,录取了当时的首辅申时行的女婿李鸿,引起部分朝臣的议论,流言迫人,故而沈璟就此辞官而去。据《明实录》、《明通鉴》、康熙《吴江县志》以及《吴江沈氏家谱》等文献的记述,这一推断约略是符合实际的。但是,有些论者进而提到,沈璟录取李鸿乃是不坚持原则的举措,甚而将沈璟称作是"执政的追随者"。这样的看法,恐怕是难以令人信服的。

诚然,沈璟与申时行既有所谓"师生之义",又有"同乡之谊"。但是,申、沈之间的师生关系,并没有程门立雪或是授业解惑的因缘,只不过是明代的科场流俗。亦即沈璟参加殿试时,申时行是当时评阅官,由此而成其为"师生"。然而,万历二年参加廷试者有二百九十九人,评阅官则有十三人,论起来他们各各皆是师生关系,难道个中惟独沈璟与申时行的关系亲密一些吗?况且,在我们迄今所掌握的沈璟交游往还的资料中,并无一条与申时行有关。仅有这样一种师生关系和同乡关系,并不足以使沈璟无原则的去录取李鸿。

不止如此,《吴江沈氏家谱》所附"家传"中,说沈璟批阅文章,颇具慧眼,"戊子顺天之役,公所得士有长洲李鸿者,为申少师婿,谈者以为私,公不自白;及申少师归,而鸿以乙未成进士,上饶之政,为世名臣,谈者始息"。这里,"家传"之意,乃是赞赏沈璟善于发现人才,李鸿的录取即其一例。如果说"家传"中或尚有谀辞、未可尽信的话,那么,成书更早的康熙二十三年《吴江县志》同样提及了此事:沈璟"为顺天乡试同考官,所得士有李鸿,为时行婿,言者以为私,璟不自白;及鸿成乙未进士,知上饶,与税监忤,疑谤始息。"亦即流言的甚嚣尘上,其实也与沈璟不为自身辩白,而是就此拂身而去有关。而到流言所谓徇私而举的李鸿,在任职上饶时敢于和朝廷派去的税监较劲,终于为士林所认可乃至褒扬时,围绕沈璟的蜚语也就随之消失了。

况且,李鸿中进士为万历乙未年(公元1595年),而申时行于万历辛卯年(公元1591年)即已告归还家,前后已相差五年。申时行家居乡里,纵然仍有羽翼,也无法与大权独揽之际相提并论。何况在朝中,申时行尚有对手与政敌。李鸿录取为举人时既然已经闹得满城风雨,假如李鸿真的毫无才学,而仅仅是由沈璟凭私情所录取,那么此时谁还敢于冒天下之大不韪再行录取他为进士?再说,沈璟也只是一个"同考官"而已,录取李鸿他一个人也难以决定此事。

凡此种种,皆可明白,沈璟录取李鸿并非是"不坚持原则",而恰恰是出以公心为明王朝擢拔人才,是由其"阅文具只眼"而来。事实也是如此,李鸿在上饶痛责税监,其所做所为表明他不仅颇有才学,更是才德并茂之士。

沈璟的辞官,或许确实是由李鸿事件所致。但是,辞官还乡之后,沈璟却为何再也不返朝堂?

《吴江沈氏家谱》所附"家传"说沈璟"林泉之兴甚浓,虽无癸巳之察,固亦不出矣"。"癸巳之察",指的是明代对官员的"考察",考察的内容是官员的政绩、德行和过失等。"癸巳"为万历二十一年(1593)。这里说的是,沈璟已经决意脱身仕途、甘老林泉,虽然没有癸巳年对他不利的考察,他也决意不再踏入仕途。这恐怕不仅仅是由李鸿这一件事所引发的结果。假如沈璟是一个汲汲于仕途的臣僚,那更是万万不会有此结果的。

那么,沈璟的"挥手自兹去",究竟是因何所致呢?回到万历皇帝错综纠葛的时局中去,我们以为,沈璟之所以壮岁辞官,大概正是为了逃避当时朝廷复杂的政治斗争。而李鸿的事件,只不过是个重要的触机而已。

沈璟初入朝廷,其时的内阁首辅是张居正。此时万历皇帝年纪幼小,难以执掌朝政,张居正又是一位非常有才干的政治家,因此难免大权独揽。张居正执政时期,兴利除弊,推行"一条鞭法",对于政治和经济均做出了不小的贡献。但在张居正时代,却也逐渐形成了内阁和言官相对立的政治局面。

万历十年,张居正去世,继任首辅即申时行。申时行既没行张居正那样的魄力和才干,也不像张氏那样独揽大权,息事宁人、保持平衡似乎是这位新任首辅的立身之道。但这实在是一个失败的策略:"初,言路为张居正所抑,至是争锋砺锐,搏击当路。"这时的内阁大学士除申时行外,还有王锡爵、许国等人,而言官则有羊可立、李植、江东之、吴中行、赵用贤、沈思孝等人。沈璟在朝的这段时间,言官与内阁之间不断爆发冲突,其中有两件比较激烈的事情：

一是贬御史丁此吕事：

> 未几，御史丁此吕劾："侍郎高启愚主南京试，以'舜亦以命禹'为题，为居正劝进。"上手疏示申时行，时行言："此吕以暧昧陷人大逆，恐谗言踵至，非清明王朝所宜有。"尚书杨巍因请出此吕以外，植、东之交章劾时行、巍蔽塞言路。上为罪启愚，留此吕，时行、巍求去，余有丁言："大臣国体所系，今以群臣言留此吕，恐无以安时行、巍心。"上乃听巍，出此吕于外。
>
> 许国尤不胜愤，专疏求去，言："昔之专肆在权贵，今乃在下僚；昔颠倒是非在小人，今乃在君子。意气感激，偶成一、二事，遂自负不世之节，号召浮薄喜事之人，党同伐异，罔上行事，其风渐不可长。"言盖指中行、用贤也。自是言官与政府日相水火矣。

另一次是大峪山寿宫事：

> 上竟用徐学谟言，作寿宫于大峪山。役既兴李植以"寿宫地有石，而首辅时行以学谟言故主之可用（引者按：徐学谟与申时行为儿女亲家），是罪也"，乃与江东之、羊可立合疏上言："地果吉则不宜有石，有石则宜改卜。乃学谟以私意主其议，时行以亲故赞其成，非大臣谋国之忠。"时行奏辩曰："车驾初阅时，植、东之不言，今已二年，忽创此议，其借事倾臣甚明。"上为责植等三人，夺俸半岁……
>
> 用贤以许国等立诋，抗疏言："朋党之论，小人以

一、沈璟的家世与生平

之去君子、空人国。"语甚激愤——党论之兴遂自此始。

关于明代中、后期言官与内阁的矛盾与斗争,自来多肯定言官而贬低内阁。其实就二者的褒贬而言,并不能够一概而论。张居正执政时期,言官们因为张氏独揽大权、蔽塞言路,从而与内阁激烈相争,自然具有一定的合理性。而启、祯年间,政局崩坏,东林党人与魏忠贤阉党的斗争,更有一定的进步性。然而,在朝堂之上,特别是权力的名利场中,言官的抗辩却未必能尽皆出自公心。

上引沈璟在朝时,言官与内阁的两次冲突,恐怕并不是在争"是非",而是如引文末句所言,是"党论"之争罢了。因此,言官们并非在国计民生的大问题上与内阁有所分歧,而是攥住细小之事,吹毛求疵,以寻找机会责难内阁。

大峪山之事,言官们显然是借机倾轧,毫无道理。神宗皇帝为自己预作帝陵,采纳了徐学谟的意见,择址于大峪山。在工程营建两年之后,李植忽然以"陵址有石"为由,弹劾内阁。同为言官的江东之、羊可立继踵其后,同气连枝,群起而攻击徐学谟择址不当、申时行以私谊偏袒徐学谟。这样的由头,确如申时行抗辩所称,是"借事倾臣",也就是借题发挥罢了,其用意何在,昭然若揭。

大峪山风景区

一、沈璟的家世与生平

高启愚之事,同样如此。我们姑且不去计较,将"舜亦以命禹"与"为张居正劝进"牵连到一处,是如何的捕风捉影。当高启愚主试南京,以"舜亦以命禹"作考题之际,言官们一言未发,而张居正倒台后却忽然以此为据,言之凿凿。实际上,言官们参劾高氏是假,矛头所指仍是申时行,因为高氏是由申时行的提拔,才擢升为礼部右侍郎并兼任皇帝的经筵讲官。

这些斗争,究其本质,不过是名利场上的权势之争。它非但无益于国计民生,反而使朝堂之上的王朝官僚们,不以治国为务,却汲汲于党争、倾轧。在错综诡谲的政治环境里,人人自危,不得不谨言慎行以保身全家,抑或是倾轧、构陷,以惩其私怨。稍有不慎,政治厄运就会飞临头上。至于想在这种复杂的政治斗争的环境中有所作为,或者保持中立,恐怕只是本人的一厢情愿了。

大概就是出于对政治倾轧的厌倦、以及对王朝政局与个人仕途的失望,沈璟虽仍兢兢业业地勤勉于王事,同时却也滋生了归隐之心。

在送姜士昌的诗作里,他已明白地表露:"欲寄归心与明月,随君一夜到吴江"。不仅是像陶潜一般的"归去来兮",更是归心似箭,要"一夜到吴江"。如果朝政清明,仕途畅顺,沈璟大约不会有如此迫切的归乡的念头。"归去来兮"的源头,大概往往是肇自于"行路难"。

万历十年至十三年,因父亲沈侃的辞世,沈璟回吴江丁父忧。乡居之际,沈璟在家中修葺了一座园林,园林中的亭台楼榭,沈璟取名为涤玄斋、静因楼、篆月廊、半榻庵、瑟居、翛然台、峭蒨间及延暖阁等等。这些逍遥物外、不染尘俗的名字,或多或少已带有他对归隐的向往之心。

沈璟的好友王权承还有咏静因楼的一首诗：

> 结楼祠金仙，鹫岭飞云霞。
> 忽悟前生因，梦堕青莲花。

朋友唱和之作，思想志趣多多少少是相同或相近的。且不说前句中的"金仙""云霞"，后句"忽悟前生因，梦堕青莲花"已是一派释门出世的口吻。青莲花，梵语作"优钵罗"，《小窗幽记》中说，"见彻性灵，一点云堂优钵影"。悟因梦花的主人公，当然是静因楼的主人沈璟。这首小诗中的出世味道，也侧面反映了沈璟此时对官场仕途的厌倦了。

果然，沈璟所担忧的事情终究还是发生了。在顺天乡试中，他录取了颇有才学的李鸿，但李鸿正是申时行的女婿，同期录取的还有内阁大学士王锡爵的儿子王衡。这真是给了言官攻击内阁的绝好机会。礼部郎中高桂立即上疏指斥，刑部主事饶坤也奏言责备申时行、王锡爵。一时间，山雨欲来风满楼。沈璟不仅无从幸免的卷入政治斗争的漩涡中，更是一时作了狂飙飓风中的风眼，成了人言纷纭里的谈资。

沈璟本已有归隐林泉之心，这件事的爆发，更加促使他下定决心"归去来兮"了。他没有作任何的辩白解释，只是默默地摘去加在头上不久的"光禄寺丞"的乌纱帽，回到家乡松陵镇，永远离开了那个有志不能伸、是非多混淆的荒诞朝堂。

多年以后，李鸿终于以自己的才学和政绩为沈璟一雪前耻，而王衡则以他的《郁轮袍》杂剧而名载戏曲史、文学史册。

> 入朝束发而忠鲠,壮岁解组而孤高。

吕天成对沈璟仕宦生涯的评价,大概绝非谀辞吧。

(五) 寄情词曲

辞官以后,沈璟回到家乡松陵镇,从此一直隐逸吴江,寄情词曲,度过了他的后半生。

风土、人物,往往相互滋养,概莫能免。

沈璟在辞官退隐之后,之所以会走上戏曲创作和研究的道路,大概与其所生活的环境是息息相关的。隐退仅仅是一种人生方向上的抉择,却不是具体生活道路的实现。陶渊明不为五斗米折腰,隐居终南山下,是以写诗作赋为乐。唐寅耻作"浙江吏"而隐居桃花坞,则是以字画自娱。沈璟能诗,又工行、草书,最终却选择了戏曲创作和研究,这自然是与他所生于斯、长于斯的苏吴地区,及其独特的地方文化有所牵系。

苏州、吴江一带,鱼米水乡,自古便以繁庶著称。吴江城内,京杭运河穿城而过,更是为这里带来了无尽的生机。明洪武十四年,吴江即被朝廷划作"繁县",也就是以所产田粮计,高达三万石以上。到了十六世纪中叶,随着商品经济的活跃以及资本主义的萌芽,更是促进了物质生产的飞速发展。经济的繁

苏州古戏台

荣,为戏曲艺术注入了勃勃的生机。当时,士民最为经常的娱乐活动,除了一般的歌舞之外,就只有戏曲这一种。因此,无论是达官贵人、豪富绅士,还是平民百姓,都是戏曲演出的拥趸。富贵之家,往往各自蓄养家乐,也就是私人戏班。前面所提到的首辅申时行,在退职赋闲以后,就曾蓄养了一个规模已不算小的戏班子。而与沈璟同乡同里的顾道行,辞官隐居后,同样也养有一班家乐,时时自娱。这些私人戏班的演出,当然以应主人之招为主,宴会、来客时都要在厅堂演出。

戏曲的民间演出,同样频繁。举凡迎神赛社、逢年过节,都免不了要热闹一番。地方志所记的吴江风俗中,就详记了"演春"的盛况。所谓演春,即旧时在立春前日,由街巷里人自由筹款、搭台演戏,官民一道竞往观看,以此来迎新年,并展露了官民同乐的意味:

> 立春日前期,县官督委坊甲,整办什物,选集方相、戏子优人、小妓装扮社伙,教习两日,谓之演春。
>
> 是月,坊巷乡村各为天曹神会,以赛猛将之神……自元旦至十五日或二十日而罢。罢日,有力者搬演杂剧,极诸靡态,所聚不下千人。

这种风俗自弘治元年莫旦的《吴江志》,一直到乾隆十一年沈彤的《吴江县志》,均有记载,可见其相沿日久。

而在沈璟所处的万历年间,这一民间演剧的风潮,更是臻于极盛。"每岁必演剧月余,男女杂沓。"每年演戏的时间,竟长达一个多月。如果官府不严加禁止,恐怕时间更长。此外,吴江县的几个大镇戏曲活动也不少,如庞村,"春三月演戏甚盛,供以赛刘猛之神,多则四五十本,少则二三十本";黎里"二月中有马灯会,择村童之秀丽者扮演故事","八月十五……更有太平盛会,十三日设筵演剧"。不仅是迎春了,但凡民间的节庆、神会,都是戏剧大行其道的时候。

至于苏州城内,更是夜夜笙歌了。而那中秋夜的虎丘山曲会,更是名动一方、令人神往万分。晚明小品文作家张岱对此有所描述:

> 虎丘八月半,土著流寓、士夫眷属、女乐声伎、曲中名妓戏婆、民间少妇好女、崽子孌童,及游冶恶少、清客帮闲、傒童走空之辈,无不鳞集。自生公台、千人石、鹤涧、剑池、申文定祠,下至试剑石、一二山门,皆铺毡席地坐。登高望之,如雁落平沙、霞铺江上。
>
> 天暝月上,鼓吹百十处,大吹大擂,十番铙钹,渔阳掺挝,动地翻天,雷轰鼎沸,呼叫不闻。更定,鼓铙渐歇,丝管繁兴,杂以歌唱,皆"锦帆开"、"澄湖万顷"同场大曲。蹲踏和锣,丝竹肉声,不辨拍煞。更深,人渐散去,士夫眷属皆下船水嬉。席席征歌,人人献技。南北杂之,管弦迭奏,听者方辨句字,藻鉴随之。二鼓人静,悉屏管弦,洞箫一缕,哀涩清绵,与肉相引,尚存三四,迭更为之。三鼓,月孤气肃,人皆寂阒,不杂蚊虻。一夫登场,高坐石上,不箫不拍,声出如丝,裂石穿云,串度抑扬,一字一刻。听者寻入针芥,心血为枯,不敢击节,惟有点头。然此时雁比而坐者,犹存百十人焉。使非苏州,焉讨识者?

我们仿佛能够看到,随着文字的流淌,张岱似乎重又陶醉在虎丘山曲会的盛景中了。戏剧的演者与观者,似乎三教九流无所不包,而"崽子"、"恶少"的称呼,更让这个场面洋溢着浓浓的"人世间"的味道。虎丘山上层层累累的观者的毡席,是怎样的一副景象呢?张岱用了八个字,"雁落平沙、霞铺江上",王公贵族与市农工商、上流君子与三教九流、阳春白雪与下里巴人,在戏曲面前,都一般无二的作了聆听者与欣赏者。这样的盛况,要一直延续到"三鼓"——亦即次日的零点前后,仍是歌者"裂石穿云"、听者"心血为枯",台上台下尽是如此的痴迷,怕是连知音相惜的子期、伯牙都要嫉妒三分的吧。借诸张岱那生花妙笔的描摹,晚生数百年的我们,身虽不能亲至,犹然心向往之。

另一方面,随着戏曲演出活动的频繁,戏曲创作和研究也活跃起来,苏吴地区因其戏曲文化的热烈,自然成了戏曲家们荟萃之地。在沈璟以前,苏吴地区的戏曲作家们,已是名贤辈出、佳作如云。如以《南西厢记》《明珠记》等作品闻名的陆采,《玉玦记》的作者郑若庸,著有《红拂记》、《祝发记》的张凤翼,都是长洲(即苏州)人氏;而有《青衫记》行于世的顾道行,也是吴江松陵镇人。梁辰鱼的《浣纱记》、王世贞的《鸣凤记》轰动一时,他们也都是苏吴附近人。

苏州虎丘

一、沈璟的家世与生平

嘉靖年间,昆山魏良辅精研昆山腔,使之成为一代绝唱,至今仍惹人迷醉。但是,昆曲所最先风行的地区,却是在吴中。正如当时松江人范濂在《云间据目抄》中所记:"苏人鹜身学戏者甚众,又有女旦、女生,插班射利。"也就是说,随着昆山腔的勃兴,苏州人学戏的很多,甚至女孩子也加入戏班谋生。此外,昆陵蒋孝的《旧编南九宫谱》已经开南曲谱之先,太仓王世贞在《艺苑卮言》中对戏曲艺术也作了许多品评。总之,丰富多彩的戏曲演出活动以及戏曲创作、研究的活跃,已经成为苏吴地区的区域文化传统。

沈璟生长于这样一个"三吴歌舞之乡",自然无可避免的深受戏曲艺术的浸染。在京为官的十五年中,他多次回乡居住,有不少接触戏曲的机会,加上他曾经在礼部担任过员外郎,对音乐知识有一定了解,归隐之前就"慨然有意于古明堂之奏",辞官归隐后,就十分自然地立即踏上了戏曲研究和创作的道路。

作为传统的士大夫,沈璟在最初从事戏曲时仍有所顾虑,他的第一部传奇《红蕖记》就未署真名,而是托名"施如宋",末曲又以离合体隐晦的嵌入了"吴江沈伯英"五字。但是,随着时间的推移,沈璟的顾虑完全打消了,他不仅再也没有掩抑顾瞻的扭捏姿态,而且完全沉迷于戏曲创作和研讨之中。他自己也蓄养了一个戏班子,甚至亲自登台演唱。由与妓女间的相互酬唱,沈璟也写了不少《题情》、《丽情》之类的散曲。他的两个儿子均已十多岁了,可是他竟

明代音乐家魏良辅

然顾不上关心他们,幸亏他弟弟沈瓒致仕回来,主动作了两个侄儿的塾师,才使他们免于"失学"。时人据此比较沈氏两兄弟说,沈璟是每日"选伎徵声"的风流曲家,沈瓒却是"寻章索句"的儒士样貌,二人同在一门之内,也是一桩趣事。沈璟对戏曲可以说是到了痴迷成嗜的地步,王骥德记载他"每客至,谈及声律,辄娓娓剖析,终日不置",真可谓是个戏曲迷!一个对戏曲艺术迷恋到如此程度的人,能有远超旁人的成就,是很自然的事情。

(六)曲学朋友

沈璟退隐家居约有二十年。这二十年中,他一直把主要的精力都放在戏曲上。到了晚年,沈璟家境衰落,门庭萧条,既不是当年的"沈吏部",也不再是万金豪富,由门庭若市到门可罗雀,世间的人情冷暖可想而知。沈璟晚年"屏居深念,与世缘渐疏,意默默不自得矣"。的确,想当年,他是少年进士,曾经春风得意;他是朝廷官员,满门荣耀。而今,他没有了官职,也没有了世俗社会所敬畏的权势,他只是一个"戏曲家"。没有人对他趋炎附势,没有人对他巴结乞怜,甚至没有人给他一份应有的尊重。他的朋友圈里,剩下的只是几个曲学朋友。这里我们介绍几位与沈璟关系密切的顾道行、王骥德、吕天成三位曲学朋友:

顾道行:字大典,与沈璟一样也是松陵镇人。著有《清音阁传奇》四种,其中《青衫泪》今存。以往的研究者多将他划归"吴江派",把他当作沈璟的追随者,其实不然。道行出生于嘉靖十九年(公元1540年),隆庆二年进士,官至福建提学副使,因为办事认真、不徇私情而遭忌恨者参劾,被贬为禹州知州,他辞官不就,归隐吴江。清初潘柽章的《松陵文献》一书中有这样一段话:道行"家有清商一部,尝与客引满尽觞,流连竟日,天情萧远,不见喜愠之色。性和易,醉即为诗,或自造新声,被之管弦,时吏部员外郎沈璟年少,亦善音律,每相唱和,邑人慕其风流,多蓄声妓盖自二公始也。"顾道行在辞官以后蓄养家乐,自己写作曲词或创作戏曲作品,让他们演唱,这在当时诸多的退隐官员或者富豪中,已经蔚为风气。在这段记载中,提及沈璟时仍称他为"吏部员外郎",并且说其"年少"。顾道行长沈璟十三岁,中进士也比沈璟早六年,他比沈璟更早辞官,步入戏曲艺术的殿堂也比之沈璟为先,也早于沈璟四年去世(万历二十四年),因此,有研究者说他是"沈璟的追随者",这显然是不妥的。就事实而言,沈璟的戏曲活动和对曲学的兴趣倒是可能受了顾道行的影响。

王骥德:字伯良,号方诸生、玉阳生,别号秦楼外史,浙江会稽人。骥德青年时功名不就,于是转而潜心词曲之学,创作有传奇《题红记》、杂剧《男王后》,其《曲律》一书是当时体制完备、内容精详的一部戏曲理论著作。他与沈璟间的交往,大约始于沈璟辞官归里之后。两人知音相赏,以曲学而投契,更是时常鱼雁往来以论道辨疑。毛允遂在《曲律》"跋"中说道:"吾邑词隐先生,为词坛盟主,持法之严,鲜所当意,独服膺先生(笔者按,指王骥德),谓有冥契。诸所著撰,往来商榷。"沈璟于戏曲一道,持论甚苛,却偏偏对王骥德多有佩服,引为知己,甚至凡沈璟的著作,也都向王骥德请益

一、沈璟的家世与生平

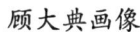
顾大典画像

商榷。不仅如此,沈璟编著《南曲全谱》这一盛举,也是在王骥德的敦促下才着手展开的。书稿完成之后,沈璟就立即请王氏过目,并请他作序。看来,沈璟在曲学上的成就,与王骥德这位畏友的砥砺是脱不开的。

王骥德也十分敬重沈璟,在其《曲律》一书中,将沈璟在明传奇领域内的成就概括为"中兴之功,良不可没",评价之高,可见一斑。此外,王骥德的《西厢记》校注手稿完成后,也立即请沈璟审阅,还把沈璟所提的意见并录于校注本中,又附录《词隐先生手札二通》于书后,并且自注说:"(词隐先生)性酷好声律,著述甚富,词曲之学至先生而大明于世。生平折简,往复盈箧。两书以余校注崔徽传而致,手墨如新,人琴已化,录置后牍,聊存典刑。又先生以注本寄还,谆谆嘱其人勿风雨渡江,恐致不虞。越三日而别书之踵问已至,其周慎如此。并识以记先生之善。"在这个自注中,王骥德再一次称颂沈璟说:"词曲之学至先生而大明于世"。更可感人的是,自注写出了他们之间的因曲学而留下的动人的记忆。但看沈璟寄还书稿时,殷殷叮咛寄者切勿在风雨之中渡江,以免使书稿遭遇意外;两三日间,又是一封书信以确认书稿是否平安寄达。只这一份用心,便能感觉到两人交谊的温暖。而"手墨如新,人琴已化",寥寥数字,却是无限伤怀。斯人已矣,物是人非。对王骥德而言,大概自此以后,世上再无知音如沈璟者了。

吕天成:字勤之,号棘津,别号郁蓝生,浙江余姚人。他的祖母孙氏喜好收藏戏曲,使得吕天成从小就博览各家作品。后来他

王骥德画像

又得到外祖父孙月峰和舅父孙如法的指点,更加精于曲学。吕天成创作的传奇有《神女记》、《金合记》等,合称《烟鬟阁十种》,曲论著作则有《曲品》。

吕天成与沈璟之间的关系,可以说是亦师亦友。据王骥德《曲律》中所记,天成"后最服膺词隐,改辙从之,稍流质易,然宫调、字句、平仄,兢兢惕慎,不少假借。词隐生平著述,悉授勤之,并为刻播,可谓尊信至极,不负相知耳!"吕天成由于对沈璟戏曲造诣的推崇,师事沈璟,并照沈璟的戏曲理论而使自己的作品有所改观。同时,沈璟则将平生著述,尽皆委托于吕天成,天成则不负所托,为沈璟刊刻传世,故而王骥德说天成此举,实在是"不负所托"。在吕天成的《曲品》中,他对沈璟赞扬备至,称赞沈璟是当代第一的戏曲家。沈璟也很推重天成,在给吕天成的信中评《烟鬟阁十种》说:"总之,音律精严,才情秀爽,真不佞所心服而不能及者。此乃世丈一斑,他可知已。不佞老笔俗肠,砭砭守律,谬辱嘉奖,愧与感并。虞生不云乎:有一知己,死无所恨。"沈璟与吕天成的交往,也不以老师自居,而是引天成为"知己",并直言天成是他所"心服而不能及者",甚而觉得有此知己便"死无所恨"。沈璟还曾经给吕天成写过一套仙侣入双调【江头金桂】套曲,注明的时间是"癸卯春作",癸卯为万历三十一年(1603)。沈璟大吕天成27岁,所以套曲中说"只应少年是无价宝"。曲中称赞吕天成"有英髦,出自申公后,是池头一凤毛",说他"接尊君启事声华,守相国传家风教"。曲中充满了一个年长者对吕天成的赞赏和期待。

可以说,沈、吕二人,在曲学方面沈璟对吕天成有所指点,吕天成则在很大程度上帮助沈璟宣传了其理论主张。沈璟在明中叶曲坛上之所以产生了很大影响,与吕天成的积极宣传和颂扬也是分不开的。

万历二十四年,沈璟一病不起,却连病中都仍放不下戏曲。就在临谢世之际,他还审阅了王骥德校注的《西厢记》,并准备向王氏借阅关汉卿的《鲁斋郎》杂剧。遗憾的是,万历三十八年正月十六日,岁在庚戌(1610),沈璟病逝于松陵镇,享年五十八岁。

(七)"儒道互补"的思想

如果要概括中国传统思想文化史的主流,那么,一种较为恰切的提法应当就是"儒道互补"。"儒道互补",是一种至晚奠基于先秦时期,而后影响几千年来中国知识分子的一种文化—心理结构。

以孔子所代表的先秦儒家,把原始文化纳入到实践理性的统辖之下,从而将理性引导和贯彻在现世中的日常生活、伦理感情和政治观念中。它的核心是"仁",而强调血缘纽带正是"仁"的基础含义,这种"仁"又通过外在的礼仪表现出来。突出人的社会性,尤其强调以血缘纽带为基础的伦理观念,是先秦儒家的显著特点。

与此相反,以老庄为代表的先秦道家却提出了遗世绝俗的独立人格思想,所谓"彷徨乎尘垢之外,逍遥乎无为之业"(庄子《逍遥游》),正是这种思想的表述。它突出的是人的主体性,强调人作为个体的独特性。

儒、道思想离异而对立,一个入世,一个出世;一个乐观进取,一个消极退避。但同时,二者又相互补充而协调,孟子说"穷则独善其身,达则兼济天下",即是一证。某种意义上,儒、道互补实现了"现世"与"超越"的圆融。

作为先秦文化的积淀物,它被后世绝大多数的士大夫所接受,从而奠定了中国传统思想文化的底蕴。

生活于明中叶的沈璟同样接受了这种文化的熏陶。

当然,作为进士门第的吴江沈氏,其文化上的底色仍是儒家式的,而沈璟幼时的开蒙读书,同样以儒学为宗。这一点,可以从家庭、社会两个方面来看。沈璟的家庭是吴江沈氏世家的一个分支。吴江沈氏世家大约从元代末年定居于松陵镇。明正德十六年,沈璟的曾祖父沈汉考取了进士,并且官至刑科给事中。朝中有人做官,沈氏家族也就成为松陵镇上的望族。吴江沈氏世家非常重视伦理道德,是一个儒家思想非常浓厚的家族。沈璟的前辈们讲究孝友、耿直、慷慨好施,其曾祖沈汉在朝中就以耿直忠介、谏诤剀切而闻名一时。其祖父嘉谋"文学虽逊伯仲两兄,而质行过之",少年时在京城随侍沈汉,恰值沈汉因为直言上疏而被打入监狱。沈嘉谋精心照料沈汉的生活,甚至连仆人都插不上手。沈璟的父亲沈侃"慷慨重然诺,急人之难,轻财好施",与友人"以数十年心期千里相访,生订死酬,不异古人之范、张";其堂伯父沈位"性孝友,能拯人之急"。先辈的身体力行,传统的家风,铸就了沈璟的性格,奠定了他思想中儒家文化的印记。

再看社会。自从宋儒把先秦儒家的伦理提升为本体,上升到宇宙论上来认识,从而使得君臣、父子、夫妇等伦理内容变为"纲常",这一体系很快便成为传统中国思想文化领域的主流学说。明代初年,朱元璋推行八股科举制度,将这一宇宙本体化的伦理道德,作为登科仕宦的必经之路。沈璟虽为"神童",但在"当今天子重英豪,足下何须论汉唐"的明代,在八股科举制度是士子们改变自

一、沈璟的家世与生平

己社会地位必经途径的情形之下,他也概莫能免地进学、参加科举考试,朱注《四书》《五经》成为他最熟悉的教科书。饱读宋儒的典籍,沈璟才顺利地通过科举考试,成为青年进士而春风得意。但同时,饱读宋儒的典籍,实际上也就更多地接收了被宋儒改造过的儒家思想。

明白了这一点,我们才能理解,沈璟为什么入朝后那样地勤勉于政事,为什么在万历十四年不顾被贬谪的危险,上疏明神宗要求立储封妃。因为"士为君用"、"兼济天下"正是儒家所提倡、所教导的生活准则。不仅如此,我们注意到沈璟早年的一篇文章,或许更可以证明沈璟恪守儒家思想的情况。万历十三年(公元1585年),沈璟因父亲去世而在家守制,恰逢吴江县重新修缮荒毁已久的儒学,县令徐元请沈璟撰文纪念,他欣然允诺,写下了一篇《吴江县重修儒学记》。文中对吴江乡里重修儒学之举大加赞赏,认为此举不仅有益于教化,亦有益于地方的治安。文中特别提到,儒学所培养出来的学生:

> 若得志而拔毛渐之,为仪之鸿也,在上而美化也,以保泰也。其不得志而鸿冥渐之,居贤德,善俗也,善俗亦以保泰也,保泰一也。夫太上为洙泗也,道德归焉,又及次为闽越,斯朱氏之徒哉!……

用今天的话来说,他认为儒学培养出来的学生既然深受儒家思想的影响,那么无论"得志"还是"不得志",都能有益于风俗教化,即所谓的"保泰一也"。当然,不论是"美化"还是"善俗",其指归无疑仍是"洙泗"——亦即孔子曾经聚徒讲学之所——所代表的道德。"得志"者入朝

一、沈璟的家世与生平

为官,由"在上"而得以为政,从而醇化风俗,也就是孔夫子的遗训"君子之德风,小人之德草,草上之风,必偃"。而"不得志"者退居乡里,倘若也能够以道德自守,同样能够敦睦五服、教化乡里,"居贤德,善俗也"。这真真是一派醇儒雅言的风貌,更遑论末句所提到的"太上""次之",亦即引为楷模、师范的,分别以孔子、朱熹作其代表了。

然而,明中叶又是一个政治腐败的时代,极端的封建君主专制制度在此际已经暴露出其多方面的弊病。权奸专权,尔虞我诈,勾心斗角,朝廷政治斗争极为复杂。另一方面,以阳明心学为代表的晚明进步思潮,作为一种新的意识形态,吸引了许多不满于社会现实的士大夫。阳明心学强调"心"的作用,从"理学"的高墙中打开了一个缺口,导致了对人心、人性、人格的肯定,它虽然从理学衍变而来,与道家思想又有着一致之处。而禅宗也同样"求尽其心",有我便有物,释道相通。因此,"万历而后,禅风寝盛,士大夫无不谈禅,僧亦无不与士大夫结纳",禅风之盛,同样亦影响到了沈璟。沈璟在朝为官十五年,对朝廷复杂的政治斗争不仅耳闻目睹,而且受到牵连,因而早已萌生归隐之念。对于新的意识形态,他虽未明确接受,却不自觉的受到浸染,导致他壮岁辞官。

从"居庙堂之高"一下子转而"处江湖之远",沈璟是否亦会有所怅然若失呢?且看他的第一部作品《红蕖记》第一出:

《红蕖记》书影

> 袖手风云，蒙头日月，一片闲心再休热，鲲鹏学鸠各有志，山林钟鼎从来别。

这几句词简直就是沈璟内心的独白，在朝为官的十五年，沉瀍沉浮，大约让他尝遍了宦海的苦涩，终于抽身而出，只管去"袖手"、"蒙头"，哪里还愿意去理会那"风云"、"日月"！"一片闲心再休热"，岂不正是孔子所说的"道不行，乘桴浮于海"，又或是陶潜所说的"实迷途其未远，觉今是而昨非"？"鲲鹏学鸠各有志，山林钟鼎从来别。"其中未尝没有对"鲲鹏"、"钟鼎"的鄙弃，试想，倘若不是对仕宦生涯的厌倦，沈璟又何尝会愿自居"学鸠"、"山林"呢？便如唐人高适的《封丘作》，虽开篇云"我本渔樵孟诸野，一生自是悠悠者。乍可狂歌草泽中，宁堪作吏风尘下？"但真正令人襟怀老去、壮心不再的，却是那"只言小邑无所为，公门百事皆有期。拜迎长官心欲碎，鞭挞黎庶令人悲。"如此，那就归隐山林罢了，"乃知梅福徒为尔，转忆陶潜归去来。"

沈璟还填了一首《水调歌头·警悟》，词的上阕写道：

> 万事几时足，日月自西东。无穷宇宙，人如粒米太仓中。一葛一衷经岁，一钵一瓶终日，达者旧家风。更著一杯酒，梦觉大槐宫。

在这里我们似乎看见，沈璟不但隐居山林，而且来到了老庄哲学对社会、人生的泛宇宙意识边缘。在茫茫无边的宇宙中，在漫漫无垠的历史长河中，人的社会价值也许连沧海一粟也不及,或者说,只是"如粒米太仓中"而已,这岂不又是李白"夫天地者,万物之逆旅;光阴者,百代之过客"那般的喟叹!那么,着意仕途、跻身朝廷、勤勉政事、上疏谏争……这一切重新看来,意义何在呢?往事如梦,把"建功立业"的抱负丢到一边,还是清静无为、落得个逍遥自在吧。于是他又给自己重新起了字、号,字"聃和",号"词隐生"。"聃"通"耽","聃和"、"词隐",无非是表明自己对浮生已多所厌倦,惟愿甘守山林,借曲词以隐罢了。

然而,自小熟读儒家典籍,并且深受吴江沈氏世家的伦理道德、传统家风影响的沈璟,要彻底丢弃儒家思想观念又谈何容易!这就使沈璟陷入了自相矛盾的境地,一方面他钟情词曲,走的是正统士大夫们不屑一顾的戏曲研究和创作道路。另一方面,他又"事王父母,父母皆得欢心,事从祖及诸宗长,谦抑卑逊,不异为童子时",甚至以此感化了家族中其他不守规矩的人,使得"凌犯之风衰焉",恪守着封建伦理道德的教条为人处世。一方面,沈璟嘲弄风月,与妓女们互相唱和,甚至写出《吟美人红裤》那样赤裸描写性感的散曲。但另一方面,他又在戏曲创作中说孝说义,以之"风世"。一方面要忘却现实,另一方面又关心现实。

他曾写过一曾《送周文岸太史还朝》的七律:

> 五载居庐痛蓼莪,九重侧席望宕阿。
> 然藜已照青油舫,载笔还催白玉珂。
> 平准无书须著述,盐梅有鼎待调和。
> 东南杼轴曾留意,讲幄应传说论多。

周文岸字道登,万历二十六年进士,这时沈璟已辞官回乡。周道登因病家居五年,还朝时沈璟写了这首诗送他。诗写得并不出色,但最后两句却值得玩味。杼轴,即织布机。当时东南沿海尤其苏吴地区丝织业极为发达,吴江县的盛浑、震泽都是生产丝绸的重镇。然而明神宗却派出大批矿监税史搜刮民财,苏吴地区自然是重点搜刮对象,中小地主及下层手工业者对此深为不满,万历二十九年苏州就爆发了以葛贤为首的反对税监孙隆的织工起义,次年市民又一次暴动。这两次起义发生时,沈璟已辞官在家,对于明神宗搜刮民财及中下层人民的对抗情绪他耳闻目睹,因之他在诗中说:您周文岸太史家居五载,对东南地区丝织业的情况是了解的,那么回朝后应该听到您讲点正直公道的话。这一思想在当时的历史条件下是具有一定进步意义的,它与东林党人的政治主张有着共同之处,如东林党人李三才就曾上疏明神宗,反对派矿监税史控刮民财:"自矿税繁兴,万民失业。陛下为斯民主,不惟不衣之,从并其衣夺之;不惟不食之,且并其食而夺之。"(《明史纪事本末》卷六十五)这也正是沈璟儒家入世精神的具体表现。

综观沈璟的生活道路,可以得出这样的认识:他由一个封建士大夫而走上戏曲研究和创作道路,少年时代曾经受到来自家庭的文学熏陶,在礼部担任官职时进一步接触了古代音乐格律知识,在辞官归里后又深受苏吴地区戏曲文化传统的影响,这些经历使他积累了从事戏曲研究和创作的基本素养,并终于取得了显著的成就。然而,另一方面,他从小又自觉或不自觉地接受了吴江沈氏世家封建"家风"的教育,铸就了恪守儒家道德信条的人格特征,入朝为官也是忠心为封建王朝效劳。因此他虽然在戏曲研究方面成绩斐然,于创作上却带有浓厚的伦理道德色彩,从而远远落后于汤显祖。

一、沈璟的家世与生平

二、"属玉堂"中的戏曲创作

（一）沈璟创作概貌与创新

1. 市井风情——题材的新拓展

沈璟的居室别号为"属玉堂"，因而他一生中创作的十七部传奇作品，也被后人称为"属玉堂传奇"。然而这十七部著作现今只存七种，即是《红蕖记》《义侠记》《埋剑记》《双鱼记》《桃符记》《博笑记》；胡文焕所编写《群音类选》中收录了他的《十孝记》；沈璟自己的《南曲全谱》和沈自晋的《南词新谱》中还收录了《四异记》《分钱记》《鸳衾记》《凿井记》《奇节记》《结发记》《珠串记》等作品。沈璟这些剧作的题材，对同时代其他传奇作家而言，有了新的开拓，做出了新的贡献。

在沈璟之前，传奇创作的题材总体来说不过三类：一为历史题材。是包含了历史人物、基本史实，结合历史传说和想象情节加工而成的作品。如王济的《连环记》、苏复之的《金印记》、沈采的《千金记》、姚茂良的《双忠记》、张凤翼的《窃符记》《虎符记》，以及梁辰鱼的《浣纱记》等。二是悲欢故事题材。这类题材并非着重于男女主人公爱情的产生和发展，而是借由历史传说或是虚构的故事，描写生、旦的悲欢离合命运。代表作品有沈鲸的《双珠记》《鲛绡记》、陆采的《明珠记》、郑若庸的《玉玦记》、丘濬的《伍伦全备记》和邵灿的《香囊记》。三是反映现实政治斗争的题材，这些故事有的描写实事，有的想象虚构，是明代高度的中央集权制下朝廷政治斗争的直接产物，带有鲜明的时代特征。李开先的《宝剑记》、王世贞的《鸣凤记》、秋郊子的《飞丸记》等,都是这一类题材作品中的翘楚。

而沈璟的传奇创作与上述三类题材相比,有着继承与明显的扩展。"属玉堂传奇"十七种当中,不仅包含了传统题材,如历史故事《埋剑记》《奇节记》,悲欢离合故事《双鱼记》《合衫记》《凿井记》。还有较为少见的爱情题材,如《红蕖记》《鸳衾记》《珠串记》《一种情》;公案题材如《桃符记》。

更为突出的是,沈璟还创作了一系列着墨于市井生活的作品。明代初年,兵乱初定,在元代时地位曾一落千丈、求官无门的知识分子,又得到一条通往宦仕的康庄之路——八股科举制。在元代迫不得已走向市井勾栏的文人们,再也无需回归其中、苦度春秋了。因此以市井生活为题材的传奇作品在明代前期的曲坛上濒于绝迹,甚至明中叶时这类作品仍少之又少。而沈璟的《博笑记》《四异记》《义侠记》等以市井生活为题材的作品,无疑填补了这一空白。

沈璟之所以能将目光投眼于市井,与他生活的环境密切相关。沈璟居住在距离苏州仅二十里地的吴江松陵镇上,而苏州城在当时是全国最为繁荣的城市,王琦在《寓圃杂记》中曾记载苏州彼时"闾檐辐辏,万瓦甃鳞,城隅濠股,亭馆布列,略无隙地。舆马从盖,壶觞罍盒,交驰于通衢。水巷中,光彩耀目,游山之舫,载妓之舟,鱼贯于绿波朱阁之间,丝竹讴舞与市声相杂。凡上供锦绮、文具、花果、珍羞、奇异之物,岁有所增。若刻丝累漆之属,自浙宋以来。其艺久废,今皆精妙,人性益巧而物产益

二、"属玉堂"中的戏曲创作

多。"这样繁华喧闹的市井生活,给沈璟提供了观察与想象的空间,也使这些得以在他的作品中反映出来。沈璟在作品中反映市井生活时,还将笔触延伸至下层社会,将下层社会的人情世态也纳入了自己的作品中,这亦是他开拓新题材的一个重要方面。明代前期的传奇作品多为上层士大夫所作,题材也多不脱于上封建上层社会生活。如前文所描述的三类传奇题材中,历史题材或政治斗争题材的主人公主要是帝王将相、忠臣烈士,而悲欢离合故事题材的主人公也往往是义夫节妇。即便主人公的身份地位低下,但在书中他们的性格特点也仍旧是高贵风雅,其思想行为均不逾越封建纲常,连言辞应答也张口"诗云"、闭口"子曰",并不能当做下层社会人民的真实面貌。沈璟的作品却切实开始勾勒下层社会的风土人情、世间百态,如其《合汗记》便是根据元代张国宾《合汗衫》杂剧改编而成,描写了一个开"解典铺"的小商人张义一家的悲欢离合;《鸳衾记》中在描写一个小家碧玉和穷书生的爱情故事时,间杂着能言惯骗的小贩湛婆,乘人之危的无赖骆喜,强夺钱财、谋杀人命的莫弄风之流;《桃符记》中的核心人物则是一个贫穷人家的女儿裴青鸾。至于《四异记》、《义侠记》、《博笑记》等作品,重点描写市井生活,则更属于下层社会生活的范围。

　　沈璟的剧作中也因而有一批具有现实人情味的下层社会人物形象脱颖而出。《桃符记》虽然根据元杂剧《后庭花》改编而来,但是对其中的女主人公裴青鸾形象的塑造却有所加强,特别突出了她的"悲情"色彩。因家乡连年水灾旱灾,裴青鸾不得不随父母到汴京投靠亲友。不料亲友家无力接济,父亲也病恨而亡。山穷水尽的境况下,她只得卖身于枢密傅忠为妾。不幸的是,傅忠之妻又是个善妒成性的女子,她指使奴仆去谋害青鸾,但被青鸾侥幸逃脱。青鸾逃去一个客栈里,又被店小二图谋强奸,以致惊吓而死。通过这些笔墨,沈璟塑造了一个封建社会中悲情的下层女子形象。

沈璟在题材上的新开拓,不仅与明前期,而且与同时代其他作家相比较,也是开风气之先的。当时的顾大典、汤显祖、屠隆、陈与郊、梅鼎祚、汪廷讷等剧作家的作品,有的仍以历史故事为题材,有的以神仙释道为题材,有的则致力于爱情戏的创作。但总的看来,题材范围仍不够广泛,对于下层社会生活的反映更为少见,即便有些爱情戏在对"人欲"的肯定同时,表现了反对程朱理学的进步思想倾向,却又不免表现出文人学士与大家闺秀的脉脉柔情。只有到明末清初的李玉、朱素臣等作家那里,下层社会的生活才更多地被反映到传奇创作中来,一大批下层社会的人物形象才更多地走上了戏曲舞台。

2. "命意皆主风世"的创作主旨

沈璟戏曲创作有一个贯穿始终的主旨,则是"命意皆主风世",是要宣扬和提倡伦理道德,并以此去"风世"——影响于社会。在今天看来,这应该是沈璟作品中比较醒目的落后之处,是需要批判的"封建糟粕",然而在那个时代中,也是有着深刻的社会背景和意义的。明末著名的思想家顾炎武曾对这一段时期的社会风貌做出过描述:"成化以前,士君子养品养廉,农工商贾安分守业,风俗淳厚,治化可称。近年以来,人品各异志,所习者无非悖理乱常,所为者靡不欺上罔法。且如父子、兄弟,天伦之至重,今有人焉,父子各爨,情如路人;兄弟相戕,仇

二、"属玉堂"中的戏曲创作

如寇敌。习以为常,恬不为怪,此其一也。有等凶恶无籍,或负欠官粮租税,或轮该里胥均徭,或与人争占田地。度有理亏,即以家产随身投献在城势要官家,于是粮里不敢问其居业,主不能收要租税,争者吞声,莫敢谁何。又假虎威,在乡百端扰害,见其得计,人各仿效,投献争先,豪恶日番,良善日困,此其二也。"这是一幅道德沦丧、世风日下的图景:家庭中父子分居、情同陌路,兄弟互相戕害,势如仇敌,人伦纲常已荡然无存,甚至大家对这样道德崩塌都习以为常,无人以为怪。社会中,则为富不仁者日益多,良善有德者却日益困苦;恶者假官虎威、为祸乡里,大家却不以为耻反而纷纷效仿,仁、义、礼、信则荡然无存。在这样的环境之下,沈璟借由其剧作,要对礼崩乐坏的社会现实进行抨击,其实不无积极的意义。他前期的作品中,主要是以歌颂友情、讽刺见利忘义的险恶世风为主要内容。

《埋剑记》就是一出动人的友情赞歌。剧本写吴保安和郭仲翔义结金兰,之后郭仲翔因为主帅不听他的谏阻,轻率进兵而战败被俘。为了营救郭仲翔脱离虎口,吴保安置妻、子不顾,四处奔走,贩卖绢匹,以图将郭仲翔从俘虏他的蛮族手中赎出来。"锐身已诺终无悔,况末路道逢知己,途穷须仗友生扶",在吴保安看来,大丈夫一诺值千金,既为知己,在朋友落难之时,伸出救援之手是义不容辞

《埋剑记》书影

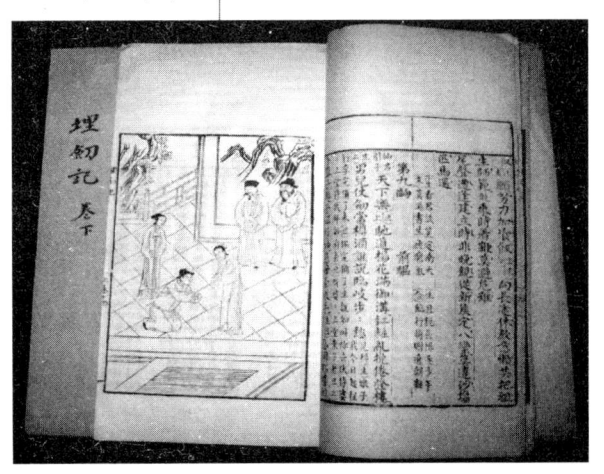

的责任。他历尽了千辛万苦,整整十年才凑足了蛮族索要的七百匹绢布,郭仲翔也因此方从苦难的囚禁中赎身回来。还有什么样的举动比它更感人呢?

吴保安对结义朋友一片真诚、受尽艰苦,郭仲翔对吴保安也是情谊深厚。作品写吴保安去世后,郭仲翔哀恸万分:

> [集贤宾]我和他二十年死生交同志友,再图相见无由。他一灵儿独伴孤云栖陇首,趁飘风荡荡悠悠。我这几日水米几何曾到口,沿路上几曾有一时拖逗。(白,这珊瑚鞭儿,原是永固所赠,哎,可怜!)空觑着鞭在手,马鬣下那人知否?

这是他听到吴保安死讯之后,急切赶往其灵柩所在地彭山县路途上的唱段。未曾见面,朋友已逝,保安所赠的珊瑚鞭仍在手中,物在人亡,保安的孤魂飘荡何处呢?郭仲翔到彭山后,携带保安儿子吴延季一同将灵柩送回他们的故乡魏州,并把自己的官位让给了吴延季。他亲手将他们之间友谊的信物珊瑚鞭和宝剑埋入保安的墓中,作品在这里安排了郭仲翔的一段唱词:

> [北沽美酒带太平今]揾不住泪几行,揾不住泪几行。服不尽俺心丧,猛听啼鸟倍惨伤。镇眠思梦想,想魂气正飘飏。骑箕尾似商家贤相,喷怒涛似吴邦良将,甘阳山夷齐相傍,休羡那介推绵上。我呵见了些月光在屋梁,恍疑兄在眼傍。呀,禁不得千般惆怅!

这是从心底发出来的悲切之音！是真正的友情才让郭仲翔对失去吴保安如此地伤痛。

自然，沈璟之所以将这个故事写得这般动人，同样是为"风世"。该剧第一出就开宗明义道："达道彝伦，终古常新，友朋中无几存。朝同兰蕙，暮变荆榛，又陡成波、翻作雨、覆为云。所以先贤著绝交文，畏人间轻薄纷纷。我思前事，作劝人群，可继萧朱、追杜左、比雷陈。"在结尾又重复道："珊瑚鞭借宠，宝剑气峥嵘。看取旧传新编论交谊，愧杀世间人称友朋。"这些都充分说明了作者对世风日下的感慨和借古讽今的创作目的。

在正面歌颂友情的同时，沈璟还塑造了一批反面人物形象。他们都是见利忘义的小人，《埋剑记》中添加了一个"颜花面"，他是郭仲翔的岳父，在郭仲翔被蛮兵俘虏，其叔父代国公亡故以后，他就迫不及待地劝说女儿改嫁。《双鱼记》中的大户留浩，当文种略在大名府担任留守官时，他百般逢迎讨好，因而对文种略推荐给他的刘䠄殷勤相待；但是文种略刚刚离开大名府率兵出征，他就立即翻脸变态，唆同儿子侮辱刘䠄，甚至将刘䠄赶出家门。这些情节在《荐福碑》中是没有的，可见沈璟塑造这一人物是有着自己的创作目的。他用鄙薄的笔墨勾画出这些鼻梁涂上白粉的小丑，使美的与丑的、善的与恶的两相对照，从而更加突出了作品歌颂友情、讽刺世风的主题。

（二）"场上之曲"的艺术特征

沈璟剧作整体的艺术特征，就是注意追求舞台效果，具有"场上之曲"的艺术特色。所谓"场上之曲"，不仅包

二、"属玉堂"中的戏曲创作

括要符合曲牌格律以及语言通俗浅近这两方面,还应对情节、结构有要求,要富有戏剧性,以"戏"而非以典雅的曲词赢得听众;它要有时间限制,不能过长,以符合观众的观看需求;它还要考虑种种吸引观众的具体细节、场面乃至舞台美术等等。沈璟在从理论上解决了"场上之曲"的格律和本色这两个问题之后,又大胆探索,使自己的作品具有情节曲折奇巧、结构由长趋短、场面丰富生动的特点,更加符合实际演出的具体需要。

1. 注重情节的曲折

在情节上,沈璟在选择题材时就着眼于情节的曲折性。他多从野史、笔记中取材,如《红蕖记》取材于唐代传奇《郑德璘传》,《埋剑记》本于唐代传奇《吴保安传》,故事本身就带有比较浓的传奇色彩;《坠钗记》取材于明瞿祐的笔记小说《剪灯新话》中的《金凤钗记》,而《剪灯新话》同样是"文题意境,并抚唐人";《义侠记》则演《水浒传》中最吸引人的武松事迹,《四异记》写的是"乔太守乱点鸳鸯谱"的故事,它的戏剧性就是今天的读者和观众也还十分欣赏;《博笑记》更是奇闻、奇事的汇集。即以对元杂剧的改编来看,元人杂剧甚多,沈璟偏偏选取《合汗衫》、《后庭花》、《荐福碑》三部作品,似乎不是从内容上出发,而是从情节是否曲折考虑的。

而在具体设置情节的过程中,沈璟也增添了许多曲折的内容,使之更加吸引观众。比如,在唐传奇《吴保安传》中,并没有吴保安送绢匹途中为贼人所

《元曲选》插图

盗的情节，《埋剑记》却增加了这一情节,沈璟把它穿插于郭仲翔在蛮族备受折磨转相买卖的描写之中,绢匹被盗,观众无疑对郭仲翔的命运更加担忧;同时,通过这一情节,又突出了吴保安为救朋友所经历的艰难困苦,从而也更加突出了他的"士为知己者死"的重义品格。《双鱼记》写刘皞与邢春娘的悲欢离合,笔分两支,一写刘皞的坎坷不平的道路,一写邢春娘的命随播弄的遭遇。春娘的父母死于"贼兵"刀下,剩下她一个柔弱女子,在荒郊野外守着父母的尸体,无倚无靠,孤独凄惨。她的命运将会怎样? 一个农村老妈妈帮助她掩埋了父母,并且收留了她。然而,一波未平,又陡掀波澜,老妈妈的儿子却是个恶棍,他趁老妈妈不在之际,伙同另外一个无赖将她骗卖到妓院。妓院老鸨逼迫她接客,她破面明志,决不依从,老鸨暂时让了步,但是,她与刘皞能否相会呢? 又是一个悬念。作者极尽曲折之能事,波谲云诡,瞬息万变,山重水复疑无路,柳暗花明又一村。

2. 缩短剧作的结构

熟悉舞台规律的人都知道,戏曲演出是在一定的时间和空间内进行的。空间自然是舞台(根据观众多少和条件而设定,可以是大型剧场,也可以在室内小剧场),在时间上同样有限制,观众总不能饿着肚子看演出。明代传奇上承宋元南戏而来,文人创作剧本,往往都是五十出以上,这样的剧本通常得要十几个小时才能够演完。因此,在具体舞台实践中,艺人们不得不削减剧本,这也引起了一些作家们的注意,如编纂了《元曲选》的臧懋循就意识到这一文体,他在汤显祖的《紫钗记》中眉批说:"自吴中张伯起《红拂记》等作,止用三十折,优人皆喜为之,

二、"属玉堂"中的戏曲创作

遂日趋日短,有至二十余折矣。"清初戏曲家孔尚任则在《桃花扇·凡例》中明确地说自己要减少曲词,原因是什么呢?他说:"各本填词,每一长折,例用十曲,短折例用八曲,优人删繁就简,只歌五、六曲,往往去留弗当,辜作者之苦心。今于长折,止填八曲,短折或六或四,不令再删改也。"作家缩短传奇结构,"优人皆喜为之",如果一仍其旧,就会要让"优人删繁就简"了。清初的李渔在其《闲情偶寄》的"演习部"中甚至专门列出"缩长为短"一节,说"与其长而不终,无宁短而有尾"。他还给出了一个处理长剧本和舞台演出矛盾的方法:"做传奇付优人,必先示以可长可短之法,取其情节可省之数折,另作暗号记之,遇清闲无事之人则增入全演,否则拔而去之。"所以,改变传奇创作冗长、散漫的弊病,缩短其结构是舞台实践的需要,因而也成为传奇创作的必然趋势。到了明代后期,很多南戏和传奇的剧本其实并不全本演出,优人们大多选择其中的一出或者几出上演,从而形成了折子戏演出的现象。

沈璟在创作后期,也有意识地缩短了剧作的结构,体现在了三个方面。第一,减少出数。如《一种情》和《桃符记》,都只有三十出;《义侠记》在后期创作中算是最长的,也不过三十六出;《博笑记》更短,只有二十八出。第二,减少曲词。在后期创作中,沈璟对曲词的删减也十分明显,如《桃符记》中第十八出是写裴青鸾鬼魂与书生刘天仪相遇相识,是剧中比较重要的一场戏,却只有〔月云高〕、〔小梁州〕、〔前腔〕、〔尾声〕四支曲子组成;《义侠记》第八出"叱邪"即后来的"诱叔",是重点场子,仅九支曲子;《一种情》第二十七出"魂诀"写何兴娘之魂与雀嗣宗

分别的场面,是全剧的高潮,也只用了六支曲子。

3. 糅传奇、杂剧结构体制为一体

这是沈璟在传奇结构上的一个创造。这一创造体现在他的《博笑记》的创作中。该剧仅二十八出,结构本来就较短,但如此之短的剧本,却写了十一个小故事,每一个小故事又是独立的片断,占作品的一、二、三、四、五出不等,长短不一。毫无疑问,这种结构体制更加适合舞台演出的实际需要:演员可以根据观众的需要,既可以全本敷演,也可以选演其中的一、两个小片断,灵活多变。这一探索在明传奇的创作中是独一无二的,茗柯生在为该剧写的《题词》中说,该剧"多采异闻,每一事为几出,合数事为一记,既不若杂剧之拘于数折,又不若传奇之强为穿插"。而且这种结构方式也符合明传奇结构体制由长趋短的发展方向,在这以后不久,折子戏便成为了舞台上重要演出形式。

4. 注意舞台排场的安排

戏曲是舞台艺术,它的基本组成单位就是一个个舞台场面。情节的开展,人物性格的塑造,都需要靠舞台场面来实现,好的舞台场面还根据人物性格和情节的发展需要创造出一定的气氛以感染观众。沈璟在舞台排场的安排上颇下了一番功夫。他的剧作舞台场面有两个特点:

一是场面多样化。沈剧取材范围广泛,因而其舞台场面也多种多样、不拘旧格,出现了许多以

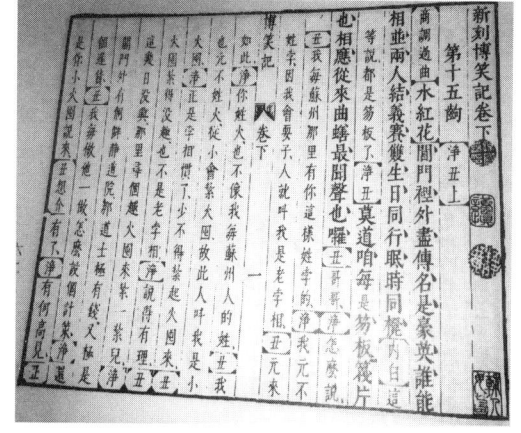

《新刻博笑记》书影

前剧作中从未有过的场面:有武松打虎、醉打蒋门神、血溅鸳鸯楼、潘金莲诱叔的片断(《义侠记》),也有郭仲翔身陷蛮地牧牛,与猿同居的奇情异景(《埋剑记》);有包公断案时呼神唤鬼的凛凛威仪(《桃符记》),也有饱学秀才刘皞被腹中空空的留大户讥笑嘲讽的落魄不遇(《双鱼砂》)。有崔嗣宗携带化装成小官人的何兴娘之魂,夜遁江边的溶溶月色(《坠钗记》),又有郑德麟与韦楚云隔舟传简的点点渔火(《红蕖记》),还有乜县丞与乡绅相对瞌睡的滑稽镜头(《博笑记》)……凡此种种场面,无论是案头阅读还是场上演出,都给人们留下深刻的印象。

二是唱、做、念各种表演手段相济相生。沈璟剧作重视演出效果,因此在舞台场面的塑造上充分注意了唱、念、做等各种表演手段的密切配合。如《义侠记》中"武松打虎"一出中,武松便既有唱,也有与老虎搏斗的"虎三扑,生三躲"的动作,作者在括号中还提示"内又鸣锣",用紧锣密鼓的音响效果来烘托武松与老虎搏斗的紧张气氛,具有十足的画面感。

5. 注重语言的浅近通俗

戏曲不同于诗词。诗词是文人把玩的高雅文学,而戏曲是演给文化水平高低不一的观众看的。因此,两者的语言运用因接受对象的不同而有差别。明代前期,一些文人创作的传奇剧本,语言骈俪典雅,就受到了戏曲批评家们激烈的批评,徐渭首倡"本色论"以反对"案头之曲",他在《南词叙录》中说道:"夫曲本取于感发人心,歌之使奴、童、妇、女皆喻,乃为得体。……吾意:与其文而晦,曷若俗而鄙之易晓也?"他明确了戏曲的观众不单是那些文人学士,而且有"奴、童、妇、女"。王骥德在《曲律》

中也指出这个道理:"作剧戏亦须老妪解得,方入众耳,此即本色之说也";他认为"须奏之场上,不论士人闺女,以及村童野老,无不通晓,姑称通方"。清初的李渔在《闲情偶寄》中对这个问题阐发得更加清楚:"传奇不比文章,文章做与读书人看,故不怪其深;戏文做与读书人与不读书人同看,又与不读书之妇人小儿同看,故贵浅不贵深。"

沈璟剧作的语言显然具有浅近通俗的特点。

首先在曲词写作中,他不满于"案头之曲"中描述性语言冗长拖沓、令人"不解做何语"的弊病,故而在创作中力求少用大段描述性曲词,多采用与剧情发展有关的叙述性语言。我们可从《埋剑记》第十五出"对泣"中姚州都督杨安居所唱的一支〔商调引子·高阳台〕窥其一斑:

> 战鬼啾啾,荒燐闪闪,夷歌尤自杂沓。束手孤城,愧看架上金甲。姚州越儁是唇和齿,奈溃围远信难达。纵城存,别旅舆尸愿同斥罚。

曲词的前三句用"战鬼"、"荒燐"、"夷歌尤自杂沓"三个特征表现了姚州战后的凄凉败况,十分简洁。接下来是叙述性语言,说明姚州战败,是因为姚州亦在危急之中,他不能前去救援。杨安居是被当做正面官吏来塑造的,他谴责李蒙轻进致败,对郭仲翔的正确建议不被李蒙采纳、并且被蛮兵生俘深感惋惜和同情,在仲翔叔父代国公死后还资助吴保安,促成他早日救出仲翔,这是一个既关心人民又讲究仁义的正直官员形象,因而这段曲词又表现了他对兵火洗劫、百姓遭难的伤感,以及"纵城存,别旅舆尸愿同斥罚"敢于承担责任的品德。

其次,沈璟还注意学习宋元古剧的语言,如元杂剧曲词中,大量使用口语、象声词,双声叠韵这些特点,都被沈璟一一吸纳,使得自己的作品语言通俗条畅,具有更强的艺术感染力。再次,沈璟在处理道白大胆采用了方言俗语入戏。如《博笑记》《假妇人》中的"老字相""小火囤"即是当时苏州方言,指市井中游手好闲、专事诈骗之徒。沈璟还尝试用苏州方言作为道白语言,如《四异记》"丑、净用苏人乡语"。运用了方言俗语,无疑使剧作更受下层平民观众的欢迎。在沈璟之后不久,"苏白"成了昆剧演出中常用的道白语言,清初李渔就记载了这一情况:"可怪近日梨园,无论在南在北,在西在东,亦无论剧中之人生于何地、长于何方,凡系花面脚色,即作吴音。……"沈璟无疑是容纳"苏白"入作品的先驱。我们在后文,可以具体探讨沈璟代表性剧作所体现的这些特点。

(三)水浒戏《义侠记》

沈璟的《义侠记》取材于《水浒传》"武十回"。此剧今存五种版本:一是万历继志斋刻本,卷首附有吕天成于万历丁末年(1607)所作的《〈义侠记〉序》。二是万历文林阁刻本,全名为《刻全像点板武松义侠记》。三是万历环翠堂刻本。四是明末汲古阁原刻初印本。五是汲古阁所刻《六十种曲》酉集所收本。

这部剧共分三十六出,上卷十八出,包含了武松打

《义侠记》剧照

史洁华　　蔡青霖

虎、遇兄长、杀嫂嫂的情节,下卷则描写了武松上梁山的故事,它的情节基本上与《水浒传》"武十回"相同,描写武松这一传奇英雄的事迹。与小说不同的是,剧中增添了武松妻子贾若真及吴下贤人叶子盈这两个人物。《水浒传》中的武松并没有妻室,绰号便是"武头陀",最后也成为了一位出家人。而《义侠记》中的武松,自小便与贾若真订亲,虽武松漂泊在外,贾氏却始终坚贞不二。后她又与母亲一起出外寻找武松,正巧落入了黑店掌柜孙二娘的店中,与孙二娘说起武松其人后,孙二娘便将她二人送入清真观中落脚。武松在经历了醉打蒋门神和杀死张团练后,与贾若真得以团聚,二人同上梁山。剧本的最后结局是:武松与贾若真的婚礼与梁山好汉受招安同时举行。

《水浒传》本来就有相当一部分内容"为市井细民写心"(鲁迅语),沈璟又将描写武松传奇放事这部分内容搬上戏剧舞台,生动地再现了市井生活的若干方面,如王婆的茶铺、武大郎的贴卖炊饼、郓哥卖梨而寻找西门庆这样有钱的主顾等,充分体现了沈璟剧作市井气息浓重的特点。例如第二十一出,王婆让西门庆猜潘金莲是什么人的妻子,沈璟安排了一支【红衲襖】曲,由西门庆(净)唱,王婆(丑)答:

(净)莫不是卖枣糕徐三的女艳娇?(丑摇手云)若是他的,倒是一对好姻缘了。(净)莫不是银担子李二的亲底老?(丑摇手云)若是他的,也是一对好夫妻了。(净)莫不是花胳膊陆小四的家生哨?(丑)也不是。(净)莫不是卖粉团许大郎的留客标?(丑)都不是。说着时教伊也性焦,说出时教咱也好笑。他便是卖炊饼武大的浑家也,好一块羊肉儿倒落在狗嘴里嚼。

二、"属玉堂"中的戏曲创作

西门庆猜测潘金莲的丈夫可能是"卖枣糕"的、"银担子"、"卖粉团"的妻子,这些都是市井中的营生。通过他的唱词,市井生活也被展现出来。

按照沈璟创作时间的顺序来看,《义侠记》的问世,可以说是他前、后期作品的分水岭。随着时间的推移、与庙堂之上的身份愈行愈远,沈璟对现实世风堕落的批判也逐渐突破了单纯歌颂友情、亲情的"义"的范围,而旁及了政治、道德、社会多方面,讽刺和批判较之前期作品也更为辛辣和深刻。吕天成在为该作写的序言中说过一句话:"先生诸传奇,命意皆主风世。"说明《义侠记》这部作品也是沈璟剧作"风世"特点的集中反映。值得注意的是,沈璟在该剧中,并没有将梁山起义军看成"强盗",作品第十一出《遘难》中的柴进由"小生"角扮演,第十三出《奇功》中的宋江由"外"扮演,而为官府抓捕柴进的殷天锡却由"净"扮演。

《义侠记》充分体现了沈璟创作的这一变化。作品汲取了《水浒传》中对武松侠义性格的描绘,将他与封建社会政治和道德诸种邪恶势力的冲突转化为戏剧冲突。西门庆、潘金莲、王婆之流所代表的是道德邪恶方面,他们为了一己之欲,不惜杀害善良无辜的武大郎;而以张团练、张都监、蒋门神为代表的政治势力又将武松逼上绝路。勇哉!打虎之武松。面对着现实道德和政治的邪恶势力,他凭着英雄之胆,与之展开了坚决的

《义侠记》"打虎"剧照

斗争：手刃潘金莲、西门庆，醉打蒋门神，血溅鸳鸯楼，最后投奔梁山泊。本来，武松故事在《水浒传》中就令人击节、令人扼腕、令人掀髯，沈璟又将它化为具体的舞台形象，其艺术感染力更强。吕天成评论它的艺术效果说："今度曲登场，使奸夫淫妇、强徒暴吏种种之情形意态宛然毕陈，而热心烈胆之夫，必且号呼流涕、搔首嗔目，思得一当以逞，即肝脑涂地而弗顾者。以之风世，岂不薄哉！"明代以水浒故事为题材的作品有十几部，可是即使象李开先的《宝剑记》也未能象《义侠记》那样出现一问世便"吴下竞演之"的空前盛况。

在创作手法更加成熟的沈璟笔下，《义侠记》的故事被描写地生动丰富、画面感十足，而语言上又简洁明快。如《义侠记》第四出"除凶"写的是武松打虎，沈璟将小说的描写转换成为这样的戏剧场面：

〔雁儿落〕（生）觑波光团体势凶，（棍打在树上，折科）呀，这狼牙棍先摧迸，（内鸣锣，生略住口，虎三扑，生三躲科）俺这里趋前退后忙，这孽畜舞爪张牙横。（内又鸣锣，生又住口，虎三扑，生三躲科）

〔得胜令〕呀，闪的他回身处扑着空，转眼处乱着踪。（拿住虎打科）这的是虎有伤人意，因此上冤家对面逢。（内又鸣锣，生又住口，虎又扑，虎挣脱走科）你要显神通，便做道力有千斤重。（拿住虎，打死科）你今日途也么穷，抵多少花无百日红，花无那百日红。

沈璟在《水浒传》的基础上，突出了虎的凶猛和武松

在紧急情势下的威勇。在这个场面里,武松与老虎的搏斗有三个回合,开始是他躲,后来他打虎,虎走脱逃跑,他又拿住老虎并将它打死,由退而进,层次分明。武松的唱词安排也很讲究层次,开头几句表现了他在棍子打断后面对猛虎不免紧张的心情:"俺这里趋前退后忙,这孽畜舞爪张牙横",但是他凭自己的威勇打死老虎后,就非常轻松并且幽默地唱:"你今日途也么穷,抵多少花无百日红",显出了他的英雄本色。周贻白先生在《中国戏剧史长编》中评论这一场面道:"由此可见,沈氏撰作此曲,及使用口语和谚俗,已很自然,这较之《红蕖记》那种扭捏作态的写法,不但有了一定的距离,而且可以单从这两支曲子里看出武松和那只猛虎的形象和动作来。"这场戏在后世一直传演于舞台,大概也就是因为如此吧!

又如《义侠记》第十出"委嘱",武松因衙门公事要与武大郎分别二十多天,沈璟在这里安排了一支〔风入松〕曲子:

> 你从来心性如绵,我不在家呵,你是个只手单拳。若被人欺压遭人骗,我回来后将他消遣。你从明日为始,迟出去,早归息肩,把门儿闭得安然。

曲词并没有描述武松与哥哥分别时的内心活动,但从他为武大的周密安排以及谆谆叮嘱中却显示了他对分别后武大命运的担忧,以及难舍难分的兄弟情义。而武松为衙门送信回城想见兄长、后又得知兄长死讯时,沈璟写道:

远迢迢见他乡传信,慢悠悠英雄自哂。望巴巴到吾兄宅前,急煎煎欲把平安问。

——《义侠记》第十七出"悼亡"〔山坡羊〕

想我去匆匆程途忙奔,见你哭哀哀别离未忍。谁想生擦擦连枝锯开,哀呖呖双雁惊分阵。

——同上〔刘泼帽〕

"望巴巴""急煎煎""生擦擦""哀呖呖"等口语叠词,加重语气,将武松见兄心切、痛伤兄亡的思想感情表达得淋漓尽致,同时也通俗条畅,明白如话。

《义侠记》在当时甫一问世,便火遍各个戏班,成为了一出常演剧目,吕天成说《义侠记》问世后"吴下竞演之";袁中道也记载了当时一个擅演《义侠记》的沈周班:

(万历四十年酉辰)江陵藩理李太和见诏,遍觅名戏,得沈周班,演武松《义侠记》,中有扮武大郎者,举止言语,曲尽其妙。

清代李斗的《扬州画舫录》还记载,当时就有一个以演武大郎而擅名一时的名优顾天一,因为出演《义侠记》中"武大郎"一角而名噪一时:"黄班三曲顾大一,以武大郎擅场,通班因之演《义侠记》全本,人人争胜,遂得名。尝于城隍庙演戏神前阁《连环记》,台下观者大声鼓噪,以必欲演《义侠记》。不得已演,至服毒,天一忽堕台下,观者以为城隍之灵……"

一直到今天,《义侠记》中的"打虎""诱叔"等场子仍旧衍生作折子戏流传了下来,成为昆剧的保留剧目。

（四）市井风情戏《博笑记》

《博笑记》是沈璟最后一部剧作。今存有明天启二年（1623）刻本，卷首有茗柯生的《刻〈博笑记〉题词》，并附有《词隐先生论曲》（即〔二郎神〕套曲）。《博笑记》一共有二十八出，包含了十一个喜剧小故事，分别是：

> 巫举人痴心得妾　　乜县丞竟日昏眠
> 邪心妇开门遇虎　　起复官遭难身全
> 恶少年误鸾妻室　　诸荡子计赚金钱
> 安处善临危祸免　　穿穴人隐德辨冤
> 卖脸客擒妖得妇　　英雄将出猎行权

这些故事多取材于笔记小说，如王同轨的《耳谈》等。吕天成《曲品》说，该剧"体与《十孝》类，杂取《耳谈》中事谱之，辄令人绝倒。先生游戏至此，神化极矣。"《远山堂曲品》将它列于"逸品"第一篇，也是全书第一篇，谓"词隐先生游戏词场，杂取《耳谈》中可喜、可怪之事，每事演三、四折，俱可绝倒。"

《博笑记》中最为成功的，是塑造了一批形象鲜明的市井民众角色。他们或善或恶，或亦善亦恶，性格特点鲜明突出。善者如《巫举人》小的老店家，热心成全巫孝廉的爱情，鄙薄借妻子容貌诈骗钱财的无赖，一片古道热肠，外加一双明辨是非的眼睛。恶者如《假活佛》中的和尚，为了骗取不义之财，他竟给一个身材肥胖的过路官员服用哑药，又强行灌以肉汁，使之面白如玉，然后扬言活佛降世，引得远近百姓皆来瞻仰，他趁机收"香资"，中饱私囊。亦善亦恶者如《贼救人》中的一个小偷,贪夜掘墙入一赌徒家,准备窃取赌徒日间所赢银款,不想进屋之后,却看见主妇因为屡劝丈夫戒赌无效、衣饰典尽、生计无门而欲悬梁自尽,无意之中,小偷喊醒了主人,却暴露了自己……《博笑记》中有老店主帮助一对有情人逃避流氓无赖纠缠的小品(《巫举人》),有小偷夜掘墙壁、偷盗不成却救人一命的趣闻(《贼救人》),有以诈骗为生的"老字相"和"小火囤"串通一个戏子讹诈好色和尚钱财的片断(《诸荡子》),还有两兄弟奸谋卖掉嫂子却反中计谋卖掉自己结发妻子的令人捧腹的场面(《恶少年》)……是明中叶市井生活的生动展览。《卖脸客》和《英雄将》则是《博笑记》中的两个喜剧小品,前者写一个卖儿童面具的小贩,借面具吓退并除掉妖魔,并与深受妖魔之害人家的女儿结为婚姻。后者写几个强盗白天强抢了一个民女,将她放在一口枯井里以待天黑带走,恰逢一位出猎的青年将军将她救出,并放了一条恶狗在枯井中,晚上,强盗欲取民女,反被恶狗咬倒,又被将军所派兵卒俘获。

《博笑记》是一部处处引人发笑的喜剧杰作,是奇闻异事的集中展览,但也表现了沈璟矛盾的"人欲"观。《邪心妇》和《巫举人》分别代表了沈璟对封建道德与"人欲"共同肯定的态度。《邪心妇》写一个守寡的妇女开始装模作样地拒绝一个过路男客借宿的请求,但是半夜里来了一只老虎,它以爪叩门,寡妇以为是男客求欢,便开门接纳,于是被老虎衔咬而死。很明显,这则故事是警告妇女们要有贞节观念的。《巫举人》却完全相反,它肯定了一个不守贞节的女子。这个女子的丈夫是个市井无赖,常常骗人说,她是新寡的妹妹,并假嫁于人,收取聘金后又

二、「属玉堂」中的戏曲创作

率一帮无赖把她强抢回来。巫举人又成了那女子丈夫的猎物了,夜里,她见巫举人"心存志诚",对她有真情实意,京城中又有很多朋友,不怕她丈夫以及那帮无赖,于是向巫举人说明真实情况,并且毅然抛弃行骗的丈夫,随巫举人连夜出走。她的这一举动违反了封建伦理道德,既不从夫,还易嫁他人,自然也不贞不节,但是作者却肯定了她的这一举动。这个故事被后来的凌濛初改编成白话小说《张溜儿熟布迷魂局,陆蕙娘立决到头缘》,收入《拍案惊奇》中,现代研究者对它评价甚高。

《博笑记》还寓庄于谐,以喜剧的形式揭露和讽刺了一些社会丑恶现象。《乜县丞》写一个县官愚蠢颠顸、终日昏睡,他去拜访一个乡绅,岂知后者也同他一样昏睡不醒,于是两人相对而坐,彼睡此醒,彼醒此睡,一直睡到天黑,二人竟未交谈一句话。这幅漫画式的小品反映了明中叶官僚地主阶级庸俗无聊的精神状态。《巫举人》《起复官》《诸荡子》讽刺了市井无赖诈骗钱财的丑恶行径。

《误鬻妻室》在这"风世"方面尤为深刻,作品写一家三兄弟,长兄外出经商,数年未归,老二和小叔竟计谋将嫂子卖给过路商人以赚得钱财。世俗浇漓已经到了为钱财置手足之情于不顾的地步。无怪乎顾炎武说,"兄弟相戕,仇如寇敌",并且"习以为常"了。

第二十三出是一个"兄弟分金"的故事:一对结义兄弟发现地下有金银,两人相约共同挖掘,作品在他们

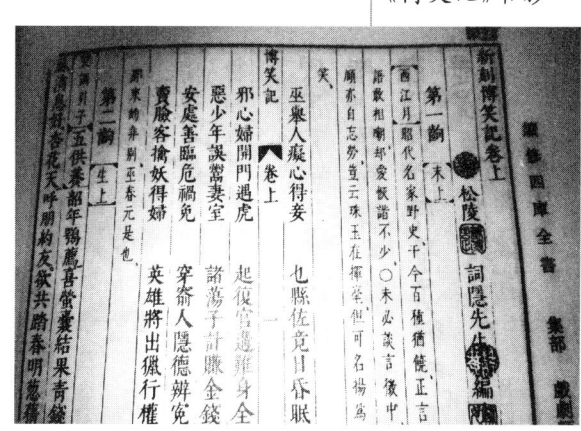

《博笑记》书影

上场时安排了一段对白：

净：世人结交须黄金，

丑：黄金不多交不深，

净：纵令然诺暂相许，

丑：终是悠悠路人心。哥，我们两个相厚得紧。

净：正是，人就取我们两个诨名，唤我是个赛范张。

丑：唤我做胜管鲍。

净：我每拍肩设誓，

丑：攘臂为盟，

净：愿同生死，

丑：可通富贵。……

二人的对话显示，他们真是一对"亲密无间"的结义兄弟！然而，戏剧性的场面出现了：为了独吞这笔金银，赛范张请胜管鲍饮用了一杯药酒，胜管鲍则将利刃插入赛范张的身体，对金钱的贪欲，让他们在互相算计中真正"同生死"了。作品别具匠心地安排了一个改邪归正的小偷作他们的帮工，见到此番情形不禁感叹道："吓死人！只为这些没影的钱钞，就番过了结义的面皮，如今报过他两家之后，撇了日常间受辛苦的营运，做个深山中无烦恼的阇黎。哎，人的心这般狠的！"剧中人的感慨，实际上正是沈璟自己对世道浇漓的感慨。

（五）散曲及诗文创作

沈璟一生，著述和创作极为丰富，尤其是在戏曲研究

二、「属玉堂」中的戏曲创作

和创作方面,可谓冠盖明代任何戏曲家。散曲和诗词方面,也有颇多著作。

1. 散曲

由于戏曲和散曲同属曲体文学,所以沈璟有不少的散曲创作,有散曲集《情痴寱语》《词隐新词》《曲海青冰》,可惜今皆不存。但在《太霞新奏》《吴骚合编》《彩笔情词》及沈璟自编《南词韵选》中,尚可辑得套数四十套、杂宫调一首、小令二十三支,徐朔方先生编校的《沈璟集》(上海古籍出版社 1991 年出版)均予以收录。此外,沈璟还编有《南词韵选》,此书今存,其中选录了王九思、康海、唐寅、祝允明等二十五位散曲作家的散曲作品,间有沈璟自己的作品。此外,清沈复粲《鸣野山房书目》、乾隆《吴江县志》卷四十六"书目",在沈璟名下还收有《北词韵选》一目,该书当为沈璟又一编著,从书名看,是和《南词韵选》相对应的一部散曲集,所选当为北曲。

和在仕途乃至日常生活中恪守儒家伦理的形象不同,沈璟现存散曲中,大多数都以男女风情为题材。不少散曲的题目就是《闺情》、《丽情》《春恨》《秋怨》等等。这种情形,一方面是晚明社会风尚的结果,另外一方面也可能是沈璟给歌妓们写了让她们演唱。但有的散曲,也实在是透露出作为文人的沈璟的"风流"心态,如【正宫·白练序】《咏美人红裈》。

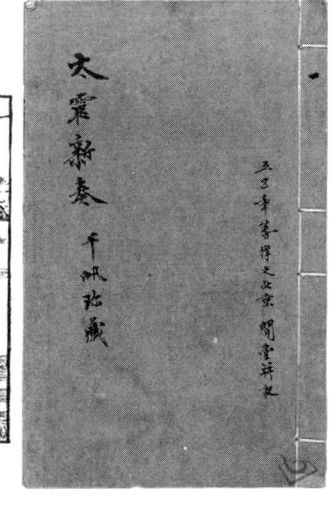

"裈"(kun),乃是古代的内裤。这套散曲写一女子的"琼肤隐约,汉宫春晓",还写其内裤"猩红浓艳动春潮",写她"妖娆玉笋挑,又惊觉才郎不放饶,还相恼,轻狂故把、两裈更调"。在元散曲中有《王大姐浴房吃打》之类的题目,如果说那是谐趣之作,那么沈璟的这套散曲只能说像六朝"宫体诗"一样,过于香艳腻味。

沈璟散曲中,有一套【仙侣·八声甘州】《集杂剧名》,显示了他对以前的杂剧作品的了解和熟悉,也颇有意趣,甚至可以作为戏曲文本在明代流传的史料看:

《因缘簿》冷,叹《鸳鸯被》卷,枉怨银筝。《秦楼月》影,《蝴蝶梦》中孤另。曾留《汗衫》余馥在,漫《哭香囊》两泪零。柳眉,蹙双峰为才子留情。

【前腔】春宵《多月亭》,记《曲江池》上,丽日初晴。蓝桥仙路,裴航恰遇云英。《万花堂》畔言誓盟,《玉镜台》前做证诚。他负心,几曾教《鱼雁传情》。

【不是路】何处《勘风情》?对《甄江楼》列画屏。偏多景,《采莲舟》斜缆蓼花汀。寸心萦,欲把传情竹叶烦相赠。怕两下无功待怎生?从《分镜》,《锦堂风月》添愁病。《紫云亭》静,《紫云亭》静。

【解三酲】正潇湘夜阑更永,早《乌林皓月》微明。《汉宫秋》到孤鸿听,甚情怀《月夜闻筝》。《㑇梅香》似影相随定,假说烧香到《拜月亭》。霓裳冷,只落得《青衫泪》湿,《红叶题情》。

【皂罗袍犯】[皂罗袍]《金凤钗》儿羞剩,抱空闺妆盒,倦对青菱。《踏雪寻梅》路难行,天台有梦终无应。黄昏愁听,《瑶琴怨》声。暗香空满,酷寒乍经。

[排歌]鸾箫月下何时并,《销金帐》,玉树庭,谁怜寂寞《雪香亭》?《冤家债》,甘自领,被他萧翼《赚兰亭》。

【解三酲】笑月老自来不省,判烟花总是闲评。恩情一点《娇红》证,今日里也似《碎冬凌》。指望多情《双渐》怜苏小,倒做了《薄幸王魁负桂英》。真个是红颜命,只落得《青衫泪》湿,《红叶题情》。

【胜葫芦犯】不是《连环计》赚成,《谒浆》处早留情。掉《谎郎君》如断梗,别《调风月》,[排歌]又在谁家《细柳营》,似《竹林寺》不见形。教人目断《锦香亭》。冤家债,甘自领,被他萧翼《赚兰亭》。

【解三酲】奈《倩女离魂》不定,《错立身》子弟无凭。《金钗剪烛》人初静,题綵扇句难成。为那《西厢》待月张君瑞,送了误约元宵董秀英。恹恹病,只落得青衫泪湿,《红叶题情》。

【安乐神犯】[安乐神]《风光好》,倩蜂媒蝶使,语燕啼莺。传书《柳毅》莫空行,投人千里凭谁订。不尽《关山怨》,独背月娘灯。[月儿高]恨杀相如行。[排歌]偷香性,假《负荆》,如今落得《瑞香亭》。冤家债,甘自领,被他萧翼《赚兰亭》。

【尾声】且收心,把佳期等。除是双《双赴梦》续前盟。又被雨打芭蕉梦不成。

该曲将六十多个以往的杂剧名镶嵌其中,除了明确的杂剧名外,还有一些不是杂剧名,其实也是杂剧,如"蓝桥仙路,裴航恰遇云英"指的是元代庚天锡《裴航遇云英》杂剧,"天台有梦终无应"指的是元代王子一的《刘晨阮肇误入天台》杂剧,"酷寒乍经"、"正潇湘夜阑更永"则分别

指元代杨显之的《酷寒亭》和《潇湘夜雨》杂剧。

2. 诗文词

沈璟的诗文集,凌敬言《词隐先生年谱及著述》及张庚、郭汉城主编的《中国戏曲通史》均作"《属玉堂稿》二卷",但乾隆《吴江县志》则标为"《属玉堂诗文稿》四卷",可惜未存。沈璟诗存十五首,《吴江沈氏诗集录》收有十四首,计五律六首,七律五首,五古一首,五绝一首。从题材上看,沈璟现存诗作中赠答诗较多,如《拟古答泽民》《赋得骢马送郝侍御巡茶陇右》《送沈太史奉册衡藩即归拜母寿》等,但也有景物诗,如《舟中对雪》:

> 独夜山阴客,孤舟江上风。杯深方泛绿,宿火已消红。水冻鱼龙寂,云迷鸟雀空。未须乘兴去,把钓忆垂虹。

诗作写作者在雪夜之中在船上所见和感受,对仗工整,杯中酒绿和夜深火灭,以及"水冻鱼龙寂,云迷鸟雀空"的景观,都增强了雪夜的寒冷感。

除了《吴江沈氏诗集录》所收的14首诗作外,清殷增《松陵诗徵前编》中收五绝一首,题为《劳惟明别号箕山为题其扇头画菊》,此诗学界尚不多见,今抄录于下:

> 莫讶柴桑色,幻作箕山赏。清风飒尔来,动有羲皇想。

这是一首题扇头画诗,扇子的主人劳惟明号"箕山",箕山曾经有一段许由的故事:相传尧访贤禅让天下,在箕

二、"属玉堂"中的戏曲创作

山附近访得许由,尧让其治天下,许由以为是一种羞辱而不肯接受,隐耕于箕山之下。沈璟借箕山抒发了自己的感想,画面上傍着柴桑的菊花,幻化为箕山的景色,清风徐来,让人想起上古时代许由辞天下而不收,隐耕箕山的事迹。小诗一首,却透露出沈璟远离宦海独然隐居的内心世界。

沈璟文不多见,王骥德校注古本《西厢记》卷六附有《词隐先生手札二通》,乾隆杨志鸿抄本《曲品》亦载沈璟致吕天成书信一封。这三篇已为学术界所熟知。此外,乾隆《吴江县志》及近人陈去病所编《松陵文录》中还收有沈璟的《吴江县重修儒学记》一篇,文末所署写作时间为"万历己酉之岁八月",时为万历十三年,沈璟三十三岁,当是他丁外艰家居时所撰。

沈璟词以前从未见过,后人亦未提及。笔者从清代周铭编录的《松陵绝妙词选》中发现了沈璟的四首词,兹抄录于下:

〔捣练子〕本意

> 霜信早,露华乾,伴月曾经六代寒。永夜深闺人想望,不知人在玉阑干。

〔减字木兰花〕题情

> 简人何处,应是和愁相伴住。已解伤情,却问伤情是怎生?因他憔悴,只要他知终不悔。夜夜魂游,不信芳魂不聚头。

《松陵绝妙词选》书影

〔如梦令〕

　　昨夜酒眠深重,魂逐西风吹送。行雨过巫阳,庄蝶把人扇动。寻梦,寻梦,今夜与他填空。

〔水调歌头〕警悟

　　万事几时足,日月自西东。一葛一裘经岁,一钵一瓶终日,达者旧家风。更著一杯酒,梦觉大槐宫。又何须吓腐鼠、叹冥鸿。神奇臭腐,从来造物也儿童。体说弥须芥子,看取鲲鹏斥鷃,小大若为同。但问红牙在,顾曲擅江东。

前三首词也都是秉承媚词的词风,一写女性的闺怨闺思,另外二首则写相思之情。《警悟》和前三首完全不同,写的是人生感悟和本人的人生取向,鲲鹏和斥鷃,一大一小,可是他们的生命本质并没有什么差别。动物如此,人生何尝不如此! 官位再高,权势再大,拥有再多的金钱,到头来还是一场空。因此,不如享受红牙拍板,做一个顾曲周郎。这首词,可以看做沈璟对自己人生观的书写。

三、沈璟的曲学及其贡献

今天,汤显祖的《牡丹亭》已经成为了经典之作,它是大学的文学史教材的必不可少的内容,它依然在舞台上不断上演。但是,如果把镜头推回到明中叶的曲坛,沈璟在当时他所受到的推崇和赞誉不仅不亚于汤显祖,甚至在某种程度上还超过汤显祖。

有以下事实可以说明:吕天成著《曲品》一书,在论及当代戏曲家的高下时,将沈璟与汤显祖同列为"上之上",但又将沈璟列于汤显祖之右,并且解释说:"予之首沈而次汤者,挽时之念方殷,悦耳之教宁缓也"。王骥德在《曲律》一书中也认为,沈璟于明传奇的"中兴之功,良不可没"。而同时的另一位戏曲家毛允遂则在《〈曲律〉跋》中径推沈璟为"词坛盟主"。

从这些评价看来,沈璟在明中叶戏曲艺术领域内的确实有着很大影响。为什么沈璟有如此广泛的影响?为什么他受到同时代戏曲家们的拥戴推崇?这些问题仍然需要我们撇开"汤、沈"比较的思维定势去深入解读。考察明代中叶曲坛的实际情形,我们其实可以看到,诸多文人有着戏曲创作的热情,却面临着如何熟悉和把握戏曲格律的技术性难题,沈璟的曲学贡献正是让帮助他们化解了这一难题,从而赢得了他们的推崇,推动了明中叶以后的戏曲创作。

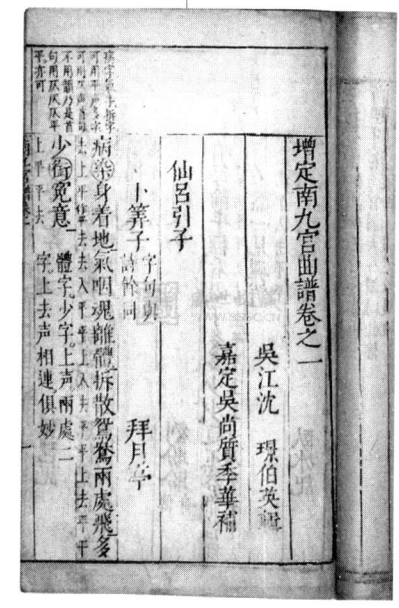

《增定南九宫曲谱》书影

(一)明中叶戏曲创作的技术性难题

明代中叶,随着封建中央集权制的加强,政治愈加腐败,皇帝或信崇方士道术,或沉湎于酒色,不理朝政,朝臣则拉帮结派,纷立门户,"人主蓄疑,奸贤杂用","纲纪废弛,君臣否隔"(《明史》"本纪"第二十一),一大批官僚士大夫或从政治舞台上被排挤下来,或者主动辞官归隐。离开政局之后,为了寻求精神寄托,除了传统的诗词创作外,有些人开始蓄养戏班,在红牙拍板、轻歌曼舞中消磨时光,正如当时的齐恪在《樱桃梦》传奇序中所说的,"近日士大夫,去位而巷处,多好度曲"。另一方面,东南沿海地区商品经济的活跃也使戏曲艺术逐渐复苏。沈璟的家乡苏吴地区就是这样,昆山腔经过魏良辅等人的改造后,立即深受欢迎。正是在这种情况下,戏曲创作也有了新的起色,一些新的传奇作品陆续问世。但总的看来,从明初到沈璟从事戏曲活动的万历年间,传奇创作的发展进程还是比较缓慢,与万历以后的曲坛根本不能比拟,其最为突出的特征是作家的案头创作与戏曲舞台演出实践相脱节,"案头之曲"的阴影依然笼罩着曲坛,除了在曲词上堆垛学问、骈俪典雅之外,最为突出的是不明格律,使得他们的作品难以在舞台上演唱。

中国戏曲有一个独特规律,那就是以曲牌格律联系作家和演员,也就是说,从作家创作剧本到演员的舞台演唱之间,没有音乐家作曲这一环节,连接他们的纽带是曲牌。曲牌不仅规定了字数、平仄声韵,也是音乐唱腔。字数、平仄声韵属于曲词写作的规范,剧作家按照一定曲牌的格律要求写作曲词,演员则按照一定曲牌的音乐唱腔

三、沈璟的曲学及其贡献

演唱。周贻白先生曾精到地指出了中国戏曲的这一特点:"如果剧本是一出戏演出的枢纽,那么唱词的'声韵'便当是剧本文词的枢纽,同时也是舞台演唱时演员们发声转调的枢纽。"(《戏曲演唱论著集释·序》)这里所谓的"声韵",实际上就是曲牌格律。因此,曲牌格律是戏曲从剧本创作到舞台演出整个过程的桥梁,具有举足轻重的地位。如果作家和演员都不熟悉曲牌格律,或者双方中的任何一方不熟悉,创作和演出就会脱节,戏曲作品的艺术价值就不能够全部实现。

元杂剧的音乐是从诸宫调直接繁衍而来,而诸宫调本身在长期艺术实践中就已逐渐形成了一整套曲牌格律体系,它很好地将杂剧作家和演员们联系在一起,而且在明代初年就有朱权的《太和正音谱》加以总结。但是南戏传奇却不然,它的音乐曲调是从民间村坊小曲发展而来,正如徐渭在《南词叙录》中所说的,"本无宫调,亦罕节奏,徒取其畸农、市女顺口可歌而已"。这一特点既使南戏传奇毫无束缚地吸收各种音乐成就以丰富自身,同时又给作家创作和演员舞台演唱之间设下了一道屏障。徐渭还说:"南曲固无宫调,然曲之次第,须用声相邻以为一套,其间亦有类辈,不可乱也。如〔黄莺儿〕则继之〔簇御林〕,〔画眉序〕则继之以〔滴溜子〕之类,自有一定之序,作者观于旧曲而遵之可也。"这里,徐渭承认了南戏传奇在不断的发展中也逐渐形成了

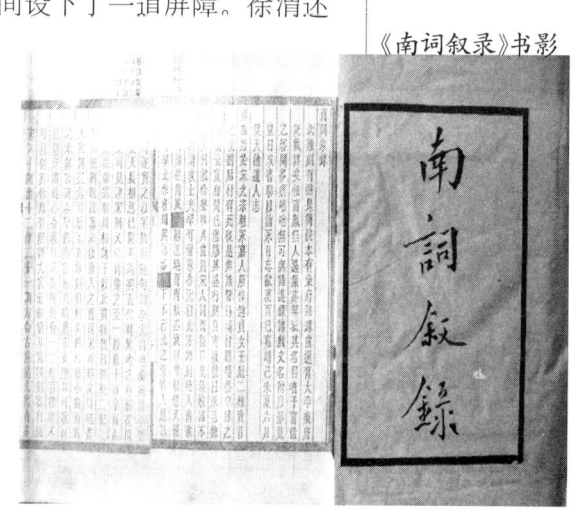

《南词叙录》书影

一定的曲牌格律规范,即所谓"自有一定之序"。

徐渭认为,传奇作者只要"观于旧曲而遵之可也"就能解决问题,但是在实践中事情就不这么简单了。明中叶以前的传奇作家像他那样地位卑下而富有才气、认真地创作一部《四声猿》杂剧、并写出一部最早研究南戏传奇的《南词叙录》的人绝无仅有,大多数作者都是官僚士大夫,他们只是为了消闲遣兴而染指戏曲,既无戏曲创作的丰富经验,也不了解和掌握戏曲艺术的独特规律。他们的创作在很大程度上是盲目进行的,他们可以拿着一本《琵琶记》模仿其中的曲牌写作曲词,就如徐渭所说的"观于旧曲而遵之可也",对于每个曲牌的曲律却并不通晓。因此,不合曲牌格律可以说是他们作品的一个通病。在演员这一方,不明格律的现象同样存在。由于没有人对曲牌格律加以认真的总结,演员们只是心口相传,以至曲牌格律在演唱中混乱驳杂,反过来更不利于传奇创作。

针对明中叶传奇创作和演出的这一现实情形,不少文人都表达了深切的忧虑。凌濛初就深有感触地说:"今之传者置此道于不讲,作者袭其失步,率臆廓填,讴者沿其师承,随口啀吤,即有周郎之顾,谁肯信其误而正之邪?"因而他强调,"学者不得不从宫调、文字入"(《南音三籁·序》)。冯梦龙也指出这一状况:"短订自衿其设色,齐东妄附于当行,乃若配调安腔,选字酌韵,或略焉而弗论。或涉焉而弗通",他呼吁对南戏传奇的曲牌格律加以认真

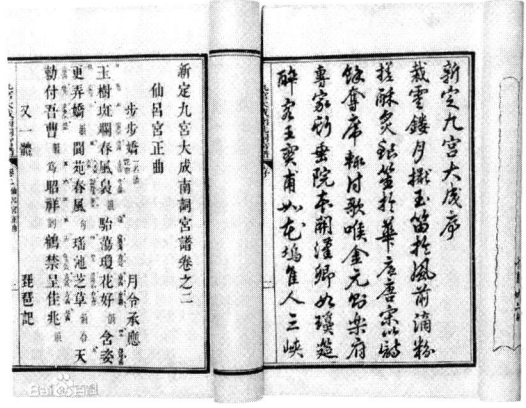

《新定九宫大成序》书影

时总结,"悬完谱以俟当代之真才,庶有兴者"(《曲律·序》)。因此,迫切需要对南戏传奇的曲牌格律的"一定之序"加以总结,不仅可以给创作者以可以遵依的形式规范,也能够帮助演唱者的演唱。

与此同时,戏曲的声腔也发生了变化。嘉靖、隆庆年间,昆山魏良辅"愤南曲之讹陋",对昆山腔进行了加工改造,遂使昆山腔迅通风靡各地,沈宠绥说它"调用水磨,拍捱冷板,声则平上去入之婉协,字则头腹尾音之皆均,功深熔琢,气无烟火,启口轻圆,收音纯细……"(《度曲须知》)达到了较高的艺术境界。然而,这一新的唱腔只是一种清唱形式,"绝非戏场声口"。魏良辅在《曲律》中也自谓这种清唱"不比戏场借锣鼓之势,全要闲雅整肃,清俊温润"。所以当时人们称之为"水磨调"或"冷板曲"。

梁辰鱼将昆山腔音乐用于传奇创作和演出,他继魏良辅之后"起而效之,考订元剧,自翻新调,作《江东白苎》、《浣纱》曲"(张大复《梅花草堂笔谈》),其《浣纱记》传奇第一次用昆山腔演唱,获得了极大成功,出现了"梨园子弟喜歌之"、"歌儿舞女不见伯龙,自以为不祥也"(徐又陵《蜗亭杂订》)的盛况,昆山腔也开始广泛流传。但是,当时诸多的剧作家创作的传奇都难以用昆山腔演唱,这有两种情形:其一,当时大部分戏曲家连南戏传奇的基本曲牌格律都未能很好地掌握,对于这一新兴的昆山腔更是难以运用于自己的创作,如钱谦益《列朝诗集》记载,陆采创作《明珠记》后,"集吴门老教师精音律者,逐腔改定,然后妙选梨园子弟登场教演,期尽善而后出。"其二,一些不属于苏吴地区的戏曲家虽然对昆山腔十分喜爱,但因为区域不同,创作时对曲牌格律难以把握,使作品难以用昆山腔演唱,如李开先是山东人,他的《宝剑记》尽管影响较大,却需要"吴中教师十人唱过,随腔字改妥,乃可传耳"。(王世贞《曲藻》)汤显祖是江西临川人,与李开先一样,"生非吴越通",因而"四梦"备受赞赏,却须经过臧懋循、沈璟、冯梦龙等人改编后才搬上昆山腔舞台,当时的张琦在《衡曲麈谈》中曾说:"近日玉茗堂杜丽娘剧非不极美,但得吴中善按拍者调协一番,乃可入耳。"指的就是这一状况。

这些情形实际上是明代中叶文人创作的共同面对的技术性难题:他们有创作戏曲的热情,但他们不熟悉戏曲的曲牌格律,对于新兴的昆山腔他们更缺乏了解。如同诗、词的创作一样,作为一种新兴文体,如何写出符合这一文体格式的曲词,写出来的曲词可以让演员演唱,特别是昆山腔的演唱,这是他们迫切需要解决的难题。

(二)"词人当行,歌客守腔":【二郎神】套曲的理论指向

沈璟辞官归隐后开始戏曲活动时,"案头之曲"的阴影正笼罩曲坛,文人们创作的戏曲作品,难以付诸舞台演唱,也遭到诸多的诟病。沈璟从辞官归隐之初直到病老终年,将自己的全部精力都用之于戏曲研究和创作,前后达二十年之久。李鸿在《南曲全谱》的序言中说他"性虽不食酒乎,然间从高阳之侣,出入酒社间,卧有善讴,众所属和,未尝不倾耳而注听也"。这种认真、严肃的态度使他对传奇艺术在"案头之曲"阴影之下徘徊不前必然地感到不满和痛心,促使他极力促成文人们将"案头之曲"转换为"场上之曲"。

"案头之曲"的表现之一就是格律不明,作家和演员

没有一个共同的创作、演唱规范。针对传奇创作和演出这一弊端,沈璟花费了大量的气力研究南戏传奇的曲牌格律,反复强调作家和演员都要熟悉曲牌格律,要使自己的创作和演员都"合律依腔"。具体体现沈璟这一理论主张的是他的【二郎神】套曲:

【二郎神】何元朗,一言儿启词中宝藏,道欲度新声休走样,名为乐府,须教合律依腔。宁使时人不鉴赏,无使人挠喉捩嗓。说不得才长,越有才越当着意斟量。

【前腔】参详,含宫泛徵,延声促响,把仄韵平音分几项。倘平音窘处,须将入韵巧埋藏。这是词隐先生独秘方,与今古词人不爽。若遇调飞扬,把去声儿填它几字相当。

【啭林莺】词中上声还细讲,比平声更觉微茫。去声正与分天壤,休混把仄声字填腔。析阴辨阳,却只有那平声分党。细商量,阴与阳还须趁调低昂。

【前腔】用律诗句法当审详,不可厮混词场。步步娇首句堪为样,又须将懒画眉推详。休教鲁莽,试比类,当知趋向。岂荒唐,请细阅《琵琶》,字字平章。

【啄木鹂】《中州韵》,分类详,《正韵》也因它为草创。今不守《正韵》填词,又不遵中土宫商。制词不将《琵琶》仿,却驾言韵依东嘉样。这病膏肓。东嘉已误,安可袭为常。

【前腔】《北词谱》,精且详,恨杀南词偏费讲。今始信旧谱多讹,是鲰生稍为更张。改弦又非翻新样,按腔自然成绝唱。语非狂,从教顾曲,端不怕周郎。

【金衣公子】奈独力怎提防,讲得口唇干,空闹攘,当筵几度添惆怅。怎得词人当行,歌客守腔,大家细把音律讲。自心伤,萧萧白发,谁与共雌黄?

【前腔】曾记少陵狂,道细论诗晚节详。论词岂容疏放。纵使词出绣肠,歌称绕梁,倘不谐律吕也难褒奖。耳边厢,讹音俗调,羞问短和长。

【尾声】吾言料没知音赏,这流水高山逸响,直待后世钟期也不妨。

在这支套曲中,沈璟非常明确地提出"合律依腔"的论点。他认为何元朗(即何良俊)在《四友斋丛说·词曲》中说的"夫既谓之辞,宁声叶而辞不工,无宁辞工而声不叶"的话是"词中宝藏"。只是他换了一种说法,那就是"名为乐府,须教合律依腔"。沈璟提出"合律依腔"的论点即是针对"案头之曲"格律不明之弊的:"合律",是针对剧作家不明格律的要求;"依腔",是针对演员演唱的要求。【金衣公子】将"合律依腔"四个字扩展为八个字——"词人当行,歌客守腔"。沈璟抓住了传奇艺术在当时缺乏曲牌格律的规范,从而使创作和演唱相互脱节这一症结,不仅从作家创作着眼,而且也兼顾到演员演唱。从沈璟全部曲学著作来看,这一点也十分明显。

首先,他指出剧作者必须"当行",即要熟悉曲牌格律,所写作的曲词要"合律"。其《南曲全谱》《遵制正吴编》《南词韵选》《北词韵选》《古今南北词林辩体》等著作都是为指导戏曲家写作曲词而编著的,尤其是《南曲全谱》一书,选取了大量曲例,考订和注明了每支曲牌的句式、平仄,为剧作家们创作提供了可依的格律范本。

其次,他又强调歌客(即演员)必须"守腔",也就是要按照一定曲牌格律规定演唱。其《唱曲当知》即是专门为指导演员演唱曲词而编著的一部教科书。虽然该书已佚,但《南曲全谱》中也保存了沈璟对演员们的要求,他在每支曲子边上都附点了板眼,这固然可以为剧作家创作时提供参考,更主要的还是让演员明了演唱节奏。同时,在一些曲子的眉批和尾注中,沈璟还特别注明演员演唱时所要留意的地方,如卷十四[恨更长]一曲尾注道:"'永'字亦于酪切;'琼'字亦渠营切,不可作'穷'字音,'莹'字亦为命切,不可作'用'字音。此皆唱曲者所当知也"。

正是由于重视"场上之曲",沈璟才进一步认为"纵使词出绣肠,歌称绕梁,倘不谐律吕也难褒奖","宁使时人不鉴赏,无使人挠喉捩嗓,说不得才长,越有才越当着意斟量"。"案头之曲"的作者们对于曲牌格律不熟悉,于是一方面曲词典雅华丽,一方面却不便演员歌场演唱,即使曲辞富有文学性,一到歌场就屈曲聱牙,演唱效果并不好,其艺术价值也没有得到实现。因此沈璟又抓住戏曲艺术的价值必须在演员演唱中才得以实现这一特点,着重强调了"讴"的重要性,要求戏曲曲词必须声情并茂,曲词的文学性要在演员讴唱的音乐旋律中展现出来。

在套曲中,沈璟还针对曲牌格律提出了几个具体的主张:

其一,是"四声"声调问题。四声在上古汉语中已经存在,《梁书》记载沈约曾写

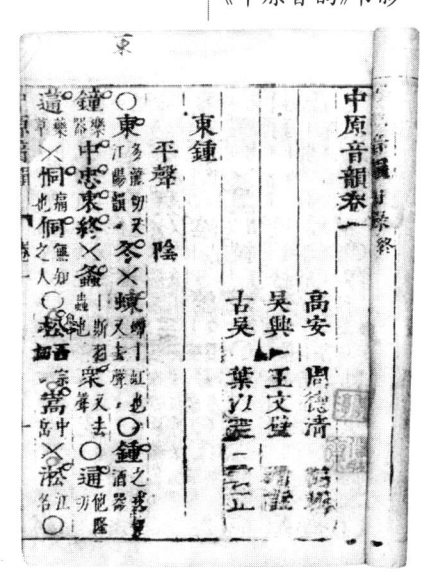

《中原音韵》书影

三、沈璟的曲学及其贡献

过一本《四声谱》,专门讨论这个问题;同书还载梁武帝萧衍问及周舍何谓四声,周舍答:"天子圣哲。"隋朝陆法言著《切韵》,将四声标为"平上去入"。但到了中古时期,四声发生变化,特别是戏曲成为大众艺术以后,曲词创作与演唱的实践,对于声调必然越来越关注。元代周德清的《中原音韵》可以说是根据元杂剧总结的声韵规律,对于原有的四声,他重新予以分类,一是平分阴阳,二是入派平、上、去三声。这样,"平上去入"变为了阴平、阳平、上省、去声四个声调。沈璟在套曲中也提到的《中州韵》,其实应该就是周德清的《中原音韵》,因而也完全继承了周德清的四声分法,他说道,"析阴辨阳,却只有那平声分党",正是平分阴阳;他又说"倘平音窘处,须将入韵巧埋藏。""若遇调飞扬,把去声儿填它几字相当",则是对入派三声以及去声使用的理解。

其二,是曲的句法和诗歌格律不同。他特别举例【步步娇】和【懒画眉】为例,说"步步娇首句堪为样,又须将懒画眉推详"。对此,沈璟《南词全谱》卷二十所引【步步娇】曲例以及评语可以帮助我们加以理解。他引的曲例是《唐伯亨》中的一支:"半纸功名把青春误,好景成辜负。携琴往帝都。只见几朵江梅,半折微露。不见老林逋,惟有清香吐。"在该曲后面,沈璟有评语道:"'半纸功名'四字,用仄仄平平,妙甚妙甚。凡古曲皆然。观《琵琶》之'黄叶飘飘''渡水登山',《荆钗》之'往事今朝'可见。盖'黄'字处平仄可通用也,若用平平仄仄即落调矣。即如【懒画眉】起句,当用仄仄平平,而后人多用平平仄仄。……此等之类甚多,自是作者自留神详察,不能一一而举之也。"

其三是用韵。沈璟明确要求按照《中州韵》(即《中原音韵》)和《洪武正韵》填曲。关于此点,与昆山腔兴起后为了流传更广而纠正方言土音的需求有关。

(三)《南词全谱》:沈璟曲学对技术性难题的化解

【二郎神】套曲比较充分地反映了沈璟关于戏曲格律的基本主张和思想。但是,仅有这些基本主张和思想还远远不够,它还不能帮助当时的戏曲家化解把握曲词格律的技术性难题。于是,沈璟又向前迈进了一步,编著了《南曲全谱》《唱曲当知》《南词韵选》《北词韵选》《古今南北词林辩体》等著作,具体指导戏曲家们创作和演员演唱。特别是《南曲全谱》,总结和建立起一整套南戏传奇的曲牌格律体系,为剧作家和演员提供了一个共同可依的曲牌格律范本。

这并不是一件简单而轻松的事情。南戏传奇自问世以来,欣赏者有之,为它立传树碑者有之,肯定其地位者也有之,徐渭作《南词叙录》,王世贞《曲藻》也论南戏,然而他们都没有对南戏传奇的曲牌格律加以总结。王骥德写出了一本内容详尽的、颇有见解的《曲律》,他竭力促成沈璟编著南曲谱,自己却不去做这件工作,也许因为它太琐碎也太困难了。

沈璟编撰曲谱之前,先是有陈、白二氏的《南九宫谱》《十三调音节谱》,然而陈、白的所谓"谱",只不过是曲牌的目录而已。嘉靖二十八年,昆陵蒋孝在《南九宫谱》的曲牌目录基础上,"辑南人所度曲数十家其调与谱合及乐府所载南小令者,汇成一书",谓之《旧编南九宫谱》,但是它也只不过给一些曲牌添加了曲例,并未总结南戏传奇的曲牌格律,故而它也未能起到指导作家创作和演员演唱的作用。

沈璟的《南曲全谱》在蒋孝《旧编南九宫谱》的基础上编著而成,但却发生了质的变化。王骥德《曲律》对此有清楚的说明:"南词旧有蒋氏《九宫》《十三调》谱,《九宫谱》有词,《十三调》无词。词隐于《九宫谱》参补新词,又并署平仄,考定讹谬,重刻以传,却削去《十三调》一谱,间取有曲可查者,附入《九宫谱》后。"与蒋孝的《旧编南九宫谱》相比,沈璟新谱在以下几方面有了新的拓展:

第一,在宫调方面,沈璟新谱进行重新组合,比蒋谱的宫调范围有了扩大。

宫调是中国古代音乐标明音高的特殊名称。它本于五音十二律,五音即宫、商、角、徵、羽,另外又有变宫、变徵二音,故共有七音。十二律即黄钟、大吕、太簇、夹钟、姑洗、中吕、蕤宾、林钟、夷则、南吕、无射、应钟。以七音乘十二律,共得八十四种音调,与"宫"相乘所得的音调叫"宫",与其它六音相乘所得的音调叫"调",合称为"宫调"。这么多的音调在实际演唱中过于烦琐,因而宫调数目逐代减少,到隋唐燕乐时常用的不过七宫二十一调;而到元杂剧中则只有五宫七调了。按照宫调的这一发展情况,明代不应有"九宫十三调",但沈璟的《南曲全谱》又被称为《南九宫十三调曲谱》。实际上,"九宫""十三调"是两个宫调系统,即陈、白二氏各有《九宫谱》和《十三调音节谱》。所谓"九宫"乃包括仙吕、正宫、中吕、南吕、黄钟五宫及商调、大石调、越调、双调四调;所谓"十三调"则为仙吕、黄钟、正宫、中吕、南吕、道宫等六宫和羽调、越调、大石调、商调、商黄调、般涉调、高平调七调。蒋孝的《南九宫谱》以《九宫谱》为底本,添加曲例,《十三调音节谱》则仅存目录附诸书后。也就是说,蒋孝旧谱其实只收了九个宫调。

沈璟新谱在宫调取舍上以蒋孝旧谱的五宫四调为主体,但又选取了"十三调"中的部分宫调以及歌场流传的其它宫调,共有十四个宫调,它们是:仙吕、正宫、中吕、南吕、黄钟、商调、大石调、越调、商调、羽调、般涉调、小石调、双调、仙吕入双调,另外还附录了"不知宫调及犯各调"的引子、过曲一卷。

第二,沈璟新谱增加了大量作为曲例的曲牌。蒋谱与沈谱的诞生时间相隔五十七年,其间有不少新的作品问世,新的曲牌大量涌现,一些好的乐曲流行于歌场,变成了南戏传奇音乐的组成部分,它们逐渐地固定下来,并成为南戏传奇的新曲牌。同时,蒋孝旧谱仅仅以《九宫谱》所列曲牌目录添加曲例,并没有对全部南戏传奇以及散曲的曲牌进行广泛搜集,因而许多已有曲牌也遗漏于曲谱之外。沈璟根据上述两种情况,新增加的曲牌达二百七十多支。"参补新调"如此丰富,无疑大大丰富了南戏传奇的曲牌格律体系,使剧作家创作曲词时有了更为广阔的选择余地。

沈谱在曲牌的分类上,与蒋谱也有所差别。蒋谱曲牌分"引子""过曲"两种,沈璟则又增加了"慢词"和"近词"两种。"引子"是每出戏开始所唱的曲子,"过曲"是除了"引子"和"尾声"以外的主要曲子。"慢词"和"近词",按照王骥德的解释是:"引子曰慢词,过曲曰近词"。既然如此,沈璟又为何将它们分别开来呢?王骥德又说明道:"慢词"和"近词"系《十三调谱》,不列《九宫谱》内。也就是说,它属于沈璟从《十三调音节谱》中吸收的一部分曲牌。但是,查对沈璟所收的"慢词"和"近词"与《十三调音节谱》目录,虽然大部分相同,也有少数曲牌并不吻合,如沈谱正宫"慢词"有[长生到引]一目,《十三调音节谱》却没有;又如沈谱大石调"慢词"有[乌夜啼]一目,《十三调音节谱》同样不见。因此我们认为,沈璟的"慢词"、"近词"这一部分,是以《十三调音节谱》所列曲牌为主并且旁收其它曲牌而增加的,它属于沈璟"新增"的二百七十多支曲牌范围之内。

基于上述宫调、曲牌的增加,沈谱在总体结构上比蒋谱扩大了很多。蒋孝旧谱共十卷,《南曲全谱》则有二十一卷。更为重要的是,为了是让曲谱能够真正指导戏曲作家创作和演员独唱,沈璟在以下几个方面做出了新的努力:

1. 考定曲牌

蒋孝虽然为《九宫谱》的每支曲牌选取了曲例,但是,并没有对每支曲牌的名称、格律要求进行审订,因此讹误甚多。沈璟新谱则在曲牌的考订方面下了很大功夫,对蒋谱中的错误进行了辨析。例如,蒋谱[越调]中有一支[铲揪儿]曲牌,沈谱更其名称为[铧锹儿],并注明,"此调与[正宫]之[划锹儿]不问。然[划锹儿]今多讹为[划锹儿]、[铲锹儿],或又讹为[铧锹儿],而此调惟《琵琶》、《牧羊》二记有之,但恐人混于[划锹儿]耳……"沈璟又将蒋谱[铲锹儿]曲牌所收曲词改归[正宫][划锹令]曲牌下,于尾注道:"此调旧谱在[越调]内,今查[越调]自有'你说得好笑'(指[铧锹儿])一曲,则此调乃当属[正宫]。又按《香囊》《四景》诸记,皆有此调,今皆题作[划锹儿],因人不识'划'字,故妄改之耳。旧谱却改其题曰[铲锹儿],而曲中幸有'划锹令儿'四字,故予因悟其本[划锹儿]而误也。"也就是说,[越调]有[铧锹儿]曲牌,[正宫]有[划锹儿]曲牌,蒋谱误将后者写成[铲锹儿],并且归于[越调],使得曲牌所属宫调及名称都出现了错误,沈谱经过认真的考订,纠正了这一错误。又如,蒋谱〔仙吕〕过曲中有[聚八仙]和[么篇]两支曲子,沈谱则将它们合为[河传序]一曲,眉批道:"旧谱名曰[聚八仙],又分为二曲,皆非也,今查正。"

除了蒋孝旧谱的讹误以外,在实际创作和演出中也有不少曲牌混乱驳杂,以致以讹传讹,沈谱对此也进行了纠正。如《拜月亭》有一支[渔家傲]的曲子:

>天不念去国愁人最惨凄,淋淋地雨一似盆倾,风如箭急,侍妾从人皆星散,各逃生计,身居处华屋高堂,但寻常珠绕翠围,那曾经天番地覆受苦时。

沈璟眉批:"今人不知'最惨凄''最'字之妙,妄改作'助'字、'受'字;或改作'雨若似';又或于'天番'下增出'天番来'三字,皆非也。又或唱'覆'字作'覆载'之'覆',而不唱作'福'字音,尤可笑。或又点板在'绕'字下,而遗了'翠'字一板,非也……"从文意、平仄、句式、板眼各个方面都予以辨析,保证了曲谱的精确性。

2. 釐正句式

作为固定的曲牌,除了声韵方面的要求以外,句式也是一项重要内容。一支曲牌由几句曲词所组成,每句曲词又各有几个字,哪些是"正字",哪些是"衬字"等等,都应该有一定的规范,成为作家和演员共同遵守的准则。蒋孝旧谱在这方面没有任何建树,没有对曲牌的句式进行核订,也没有分别正、衬字,作为曲谱,它是一片明显的空白,沈璟新谱则填补了这片空白。

首先,沈璟对一些曲牌的句式予以重新考订,纠正了蒋谱及创作中存在的谬误不当的句式。例如蒋[中吕]过曲收有《杀狗记》[大影戏]一曲:

嫂嫂行不由径,应是我不开门。自来叔嫂不通问,休教人说上梁不正。听得一声唬了魂,战战兢兢进退无门。心儿好闷,猛开了门,凭兄长打一顿。

沈璟新谱则删去末三句,于曲尾注云:"旧谱下有'心儿好闷,猛开了门,凭兄长打一顿'三句,查《杀狗记》原本皆无,且'任兄长打一顿'六字欠协,今删去。"

其次,沈璟还将曲词的字句分别正衬。如[南吕]过曲所收《琵琶记》[红衲袄]一曲:

莫不是丈夫行性气乖,莫不是妾跟前缺管待,莫不是画堂中少了三千客,莫不是绣屏前少了十二钗。这话儿教人怎猜,这意儿教人怎解,敢只是楚馆秦楼有个得意人儿也,闷恹恹不放怀。

曲中前四句开头的"莫不是"、第四句的"前"、第五六句的"教"、第七句的"只"和"得意",均为衬字,在曲谱的印刷上,字体比正字小。

3. 注明平仄

作为曲谱,平仄声韵是一项必不可少的内容,朱权的《太和正音谱》根据北杂剧及散曲的十二个宫调分类,收录了三百三十五支曲牌,并为每支曲牌都注明了平仄。平仄声韵是曲牌格律的一个重要组成部分,对于不熟悉曲牌格律的作家来说,它的作用可说是举足轻重。然而,蒋孝旧谱恰恰没有注明平仄,所以虽名为"曲谱",实际上却难以为作家创作提供直接帮助。沈璟新谱则像朱权的《太和正音谱》那样,对每支曲子都注明了平仄,如《拜月亭》[玉芙蓉]一曲,蒋谱仅有曲词:

> 胸中书富五车,笔下句高千古,镇朝经暮史寐晚兴夙,拟蟾宫折桂云梯步。待求官奈何服制拘,叫人怨怨不沾寸禄,望当今圣明天子诏贤书。

沈璟则于每字之左注明平仄(O者为衬字,不用韵):

> 平平O去上平,入去O平平上,去平平去上去上平仄平,O平平入去平平去。O平平去平作平去平,平平去去仄平平去作平,去平平去平平上去平平。

不仅于此,沈璟还在眉批和尾注中对曲子的声韵要求加以强调和说明,如上曲的眉批说:"第一句还该用韵,'怨'字不必用韵。"又尾注道:"'富五''暮史''寐晚'俱去上声,'子诏'上去声,俱妙。"指出了应该注意的用韵,又点明了该曲用韵成功之处,这对于作家们写作曲词当然是大有裨益的。

4. 附点板眼

关于板眼,王骥德《曲律》"论板眼第十一"道:

> 盖凡曲，句有长短，字有多寡，调有紧慢，一视板以为节制，故谓之"板""眼"。初启声即下者为"实板"，又曰"劈头板"；字半下者为"掣板"，亦曰"桔板"；声尽而下者为"截板"，亦曰"底板"。场上前一人唱前调末一板，与后一人唱次调初一板齐下为"合板"……

看来板眼主要属于演员演唱所需掌握的艺术技巧，如果仅仅为作家写作曲词服务，曲谱就没有十分必要注意这个问题。但沈璟创制曲谱，旨在将剧作家和演员统一起来，使他们的创作和演唱都有一个共同可依的规范标准，以改变"案头之曲"格律不明之弊，正如李鸿在《南曲全谱》序中所说的，"俗所名为板眼，亦心寻声校定，一人唱，万人和，可使如出一辙，是盖有数存焉。"因此沈璟在曲谱中还附点了板眼。板眼符号标在曲字的右边，"、"为实板，"一"为截板。如[南吕]过曲所收《荆钗记》〔项窗寒〕一曲：

这门亲非是我贪婪，他富室包弹。……

在谱中，"非"、"贪婪"、"说"、"三"、"愁"、"富"、"弹"字下均点一实板，"婪"、"室"字下则点一截板。

沈璟对板眼如同对平仄声韵一样重视。除了附点板眼外，他还在尾注眉批中作说明和强调。例如蒋孝旧谱[仙吕入双调]《拜月亭》[嘉庆子]一曲中有"况雨紧风寒怎当"一句，沈谱则改为"更雨紧风寒势怎当"，尾注道：

"……旧谱中只作'怎当',而旧本《拜月亭记》皆作'势怎当',若依旧谱,则当于'寒'字下画一截板,而今既有一'势'宇,则当点一实板于'势'字上矣。一字之有无,遂使一句腔皆不同,而一曲之调亦不相协,岂可易言哉!"

又如〔正宫〕过曲〔刷子带芙蓉〕一曲有"黛眉懒画弹宫鸦,鬓边斜插小桃花"两句曲词。沈璟眉批:"细考之'黛眉'句,亦当做〔玉芙蓉〕,但点板当在'懒'字头及'画'字下,且'黛'字、'画'字二板不用。"

王骥德《曲律》"论板眼第十一"还记述了沈璟对板眼问题总的思想观点:"词隐于板眼一以反古为事,其言谓清唱则板之长、短,任意按之,试以鼓板夹定,则锱铢可辨。又言:古腔古板,必不可增损,歌之善否,正不在增损腔板间。又言:板必依清唱,而后为可守;至于搬演,或稍损益之,不可为法。"这里最值得我们重视的是,沈璟要求清唱必遵板眼,而戏场搬演却可以灵活掌握,这是比较辩证的观点。

要之,沈璟的《南曲全谱》比之蒋孝的《旧编南九宫谱》有了突出的提高,可以说是发生了质的飞跃。蒋孝旧谱处于草创阶段,其体制作为一部曲谱来说有着明显的欠缺,因而也就不能起到指导作家创作的作用。实际情况也是如此,蒋谱问世后的传奇创作很少,作家们大多不知道有蒋孝的这么一部曲谱。但是沈璟的新谱却不同,它为南戏传奇建立了一套较为完备的曲牌格律体系,其体制不仅包括曲牌、平仄、句式,而且还附点了板眼,它既为剧作家创作提供了具体的指导,也为演员清唱悬设了一定的艺术标准,这既及时纠正了南戏传奇"案头之曲"

的格律不明之弊,用曲牌格律将作家和演员统一起来,在他们中间架设了一道互通的桥梁,解决了当时文人创作戏曲的技术性难题。著有《红梨记》传奇和《一文钱》杂剧的徐复祚在其《曲论》中就称道说:"至其所著《南曲全谱》、《唱曲当知》,订世人沿袭之非,铲俗师扭捏之腔,令作曲者知其向往,皎然词林指南车也。我辈循之以为式,庶几可不失队耳。"

沈璟的格律论不仅纠正了"案头之曲"格律不明之弊,同时还意在促进昆山腔迅速搬演于舞台,使昆山腔与舞台演出紧密结合。因为他的格律论总结的是以昆山腔为主体的传奇曲牌格律体系,他的《南曲全谱》又是"以为吴歙即一方之音,故当目为律度"(李鸿序言)而创制。实践证明,沈璟的格律论也使大部分戏曲家迅速地运用昆山腔来创作传奇作品,晚明戏曲家如范文若、卜大荒、冯梦龙、袁于令等作家就是遵依沈璟格律论而创作出昆山腔传奇作品的,汤显祖因为未能用昆山腔创作,甚至还和沈璟发生了一场争论。这都说明,沈璟的格律论又是为新兴昆山腔鸣锣开道的。

王骥德说:"词隐先生……著述甚富,词曲之学,至先生而大明于世";冯梦龙在《太霞曲语》里也推称道:"词隐先生为词家开山祖师"。他们都高度评价了沈璟在曲学方面的成就。他们对沈璟并非盲目推崇,其评价是比较公允和客观的,沈璟的曲学确实为文人创作戏曲提供了技术性的指导,适应了文人们创作戏曲的需要,直接促进了传奇艺术摆脱"案头之曲"的消极影响而走向繁盛。

三、沈璟的曲学及其贡献

（四）"汤、沈之争"的是与非

在解放以后戏曲史、文学史的研究中，汤显祖和沈璟之间发生过一场争论——"汤、沈之争"，是一个讨论的持久而热烈的问题。围绕"汤、沈之争"，出现了不少学术观点，分歧也很大。要而言之，集中在两点上面：（一）究竟有无"汤、沈之争"的事实？（二）假使有的话，那"汤、沈之争"的性质是什么？作为讨论基础的这两个问题，长期没有达成统一的结论，在论辩中亦且显得有些模糊与混乱。由于汤显祖和沈璟都是明代中叶后曲坛上最有影响的人物，对此问题必须在梳理材料的基础上予以辨析。

戏曲史上究竟有无"汤、沈之争"？

有的研究者认为，戏曲史上不仅确实存在"汤、沈之争"，其更是一场争辩激烈的"大论战"。相反的意见则认为，汤、沈之间根本没有这场"热闹好看"的争论，更不存在一场"大论战"，它完全是后人虚构出来的。这两种观点截然相反，又各自有支撑其论点的证据。究竟孰是孰非，恐怕还是应该从有关的历史材料中去寻找答案。

关于"汤、沈之争"的历史材料有以下一些：

第一，属于第三者记载的。

最先描述汤、沈矛盾的是王骥德，在其《曲律·杂论下》中有这样一段文字：

> 临川之于吴江，故自冰炭。吴江守法，斤斤三尺，不欲一字乖律，而毫锋殊拙；临川尚趣，直是横行，几与天孙争巧，而屈曲

汤显祖画像

聱牙，多令歌者咋舌。吴江尝谓："宁协律而不工，读之不成句，而讴之始协，是为曲中之巧。"曾为临川改易《还魂》字句之不协者，吕吏部玉绳（郁蓝生尊人）以致临川，临川不怿，复书吏部曰："彼恶知曲意哉！余意所至，不妨拗折天下人嗓子。"其志趣不同如此。

同样记载此事的亦有吕天成，其《曲品》云：

> 光禄尝曰："宁协律而不工，读之不成句，而讴之始叶，是曲中之工巧。"奉常闻之曰："彼恶知曲意哉！予意所至，不妨拗折天下人嗓。"此可以观两贤之志趣。

再有，则是沈自友在《南词新谱》卷首的《鞠通生小传》（"鞠通生"即沈自晋）中所记：

> 海内词家，旗鼓相当，树帜而角者，莫若吾家词隐先生与临川汤若士。水火既分，相争几于怒詈。

《汤显祖集全编》书影

第二，属于汤显祖与沈璟本人阐述观点的。

沈璟撰有〔二郎神〕套曲，前已引录，兹不赘引。汤显祖有下列四封书信与此有关：

1. 《答凌初成》：

不佞《牡丹亭记》，大受吕玉绳改窜，云便吴歌。不佞哑然笑曰：昔有人嫌摩诘之冬景芭蕉,割蕉加梅。冬则冬矣,然非王摩诘冬景也。其中骀荡淫夷,转在笔墨之外耳。

2.《与宜伶罗章二》:

《牡丹亭记》要依我原本。其吕家改的,切不可从。虽是增减一二字,以便俗唱,却与我原作的意趣大不同了。

3.《答孙俟居》:

曲谱诸刻,其论良快。久玩之,要非大了者。庄子云:"彼乌知礼意!"此亦安知曲意哉!其辨各处落韵处,粗亦易了。周伯琦作《中原音韵》,而伯琦于伯辉、致远中无词名;沈伯时指乐府迷,而伯时于花庵玉林间非词手。词之为词,九调四声而已哉!且所引腔证,不云未知出何调、犯何调,则云"又一体""又一体"。彼所引曲未满十,然已如是,复何能纵观而定其字句音韵耶?弟在此自谓知曲意者,笔懒韵落,正不妨拗折天下人嗓子。兄达者,能信此乎?

4.《答吕姜山》:

寄吴中曲论良是。"唱曲当知,作曲不尽当知也",此语大可轩渠。凡文以意、趣、神、色为主,四者到时,或有丽辞俊音可用,尔时能一一顾九宫四声否?如必按字模声,即有滞曳迸拽之苦,恐不能成句矣!

综览上引材料,我们可以平心静气地看到"汤、沈之争"的历史原貌:

第一,汤、沈之间确实有所争论。

如第一章所列述,王骥德、吕天成是与沈璟关系最为密切的曲学中人。王骥德是沈璟在曲学上的知音与畏友,吕天成则是师事沈璟并得沈璟托付毕生作品之人。王、吕二人就此事的记载,应当是足以采信的。

就细微处而言,王骥德记汤显祖所云"彼恶知曲意哉!余意所至,不妨拗折天下人嗓子。"吕天成记汤显祖所云"彼恶知曲意哉!予意所至,不妨拗折天下人嗓。"恰恰正可追本于汤显祖《答孙俟居》中的"弟在此自谓知曲意者,笔懒韵落,正不妨拗折天下人嗓子。"这一句"不妨拗折天下人嗓子",应当确系汤显祖直抒胸臆之语,大概由于此句的妙趣,一时流传甚广,因而为王、吕二人所记录。至于沈自友所谓的"水火既分,相争几于怒詈"云云,乃是因为沈自晋生活时代较晚,加之他对戏曲界的情况不甚熟悉,有意夸大事实以抬高其族叔地位所致。

由上所胪列汤显祖的四封书信来看,汤显祖的牢骚不满也确实是针对沈璟而发。其《答孙俟居》中提及"曲谱诸刻",只能是沈璟的《南曲全谱》。孙俟居名如法,万历十一年进士,他虽然比沈璟中进士晚了九年,但在万历十四年,他们同时为册封皇太子的事情上疏明神宗,并一同被贬官。大概因为这样的关系,沈璟才请孙俟居将曲谱转给汤显祖。汤显祖在世之际,除了蒋孝的《旧编南九宫谱》之外,没有其它付梓或完成的曲谱,也只有沈璟编纂了《南曲全谱》,汤氏信中所说的"又一体"与沈璟曲谱

三、沈璟的曲学及其贡献

的体式也完全吻合。可见,汤显祖的话正是针对沈璟的曲谱而说的。

汤显祖在《答凌初成》中说"不佞《牡丹亭记》,大受吕玉绳改窜",直接不满的似乎是"吕玉绳改窜"了《牡丹亭》;《与宜伶罗章二》信札中又称的"吕家改的"本子。这个本子究竟是不是吕玉绳修改的?沈璟曾经将《牡丹亭》加以修改,易名为即《同梦记》。上引王骥德《曲律》中说,沈璟"曾为临川改易《还魂》字句之不协者,吕吏部玉绳(郁蓝生尊人)以致临川,临川不怿……"这里透露的信息是,沈璟将自己的改本,通过吕玉绳送给汤显祖,招致了汤显祖的不满。徐朔方先生曾作过推测:(一)吕玉绳作为汤氏好友,寄去一个《牡丹亭》改本引起对方的不满,如果第二次又寄去一个改本,未免不近人情;(二)吕氏改本除汤氏书信外,不见于其它记载。因此,合理的解释是,吕玉绳将沈璟的《同梦记》转呈给汤显祖,引起了汤氏的不满,因而触发了他对沈璟一连串的不满乃至讥讽。

那么,就汤显祖的讥讽,沈璟是否有所回应呢?沈璟的〔二郎神〕套曲中有"自心伤,萧萧白发,谁与共雌黄",可见这支套曲极有可能是作于他的晚年。由此,曲中所说的"说不得才长,越有才越当斟量,无使人挠喉捩嗓",恐怕就是沈璟对汤显现"正不妨拗折天下人嗓子"一语的回应。

第二,汤、沈之间虽有争论,但恐怕并不足以称其为"大论战"。

汤显祖与沈璟在戏曲理论、观念上虽确有分歧,但汤、沈二人间实际并没有正面的交锋。与著名的朱熹、陆九渊的鹅湖之会不同,汤、沈二人不仅没有当面的论辩,甚至互相之间也没有书信上的往来,完全是由吕天成的父亲吕玉绳和孙俟居作中间人。因此,二人的理念虽有分歧,却鲜有交锋,更遑论是"大论战"了。

在汤、沈的这场争论中,二人的态度亦有所不同。汤显祖由于其"近狂"的性格,往往言词偏激,甚至出口伤人,而沈璟则大多处于被动地位。在此事之前,沈璟只是将自己的《南曲全谱》以及改编的《同梦记》辗转寄给汤显祖,以求与这位令他心折钦佩的天才剧作家的沟通,不料他的改编本引起了汤氏极大的不满,由此而产生了争论。但即使在争论展开以后,沈璟也是比较心平气和地针对汤显祖亮出自己一贯提倡的观点,不像汤显祖那样激烈。从这一点来看,王骥德所比喻的"故自冰炭"以及沈自晋所谓的"水火既分,相争几于怒詈"恐怕是不妥当的,倒是吕天成的记载更为客观一些。

如果说,在不少的戏曲史研究中,不恰当地夸大或否定"汤、沈之争"的历史事实,使之离开了历史原貌的话,那么,在"汤、沈之争"的性质问题上,有些研究者则走得更远。受特定的政治形势的影响,有些论著认为,"汤、沈之争"的性质是形式和内容之争,是革新思想与保守思想之争,是进步文艺思潮与落后文艺思潮之争等等,不断拔高其性质,这都需要我们重新审视。我们还是从明代传奇艺术的发展过程的考察入手,以求更为准确、客观地认识"汤、沈之争"的性质。

传奇艺术发展到明代中叶,面临着一场全面的转折。

从明初开始,由于统治者刻意的限制和利用,传奇艺术变为政治的附庸,传奇艺术的创造性与艺术性一度沦至谷底。但是,随着社会经济的发展和市民阶层的形成,

三、沈璟的曲学及其贡献

以及在思想领域撼动旧说基石的阳明心学的诞生与风靡,以心学反对理学、强调内心的自我观照而不满于理学的枷锁束缚的风潮盛行于世,这就催生了与旧时代背道而驰的新时代的号角——重视人和人性的叛逆火花的闪现。戏曲艺术如何适应这一社会意识形态的变革?又如何反映这一变革?

另外一方面,从明初以来,传奇艺术被上层社会的官僚士大夫所垄断,它严重地脱离舞台实际,剧作音律不协、语言骈俪,多适合阅读而非演唱,因而有"案头之曲"的评价。这些后来被称作"骈俪派"的戏曲作品,只能是少数官僚士大夫的消闲品,而下层社会观众却无法接受和欣赏。这样的情形只会窒息传奇的生命,将它导向死胡同,因此"案头之曲"亦被称为传奇的"一大劫",势必要进行变革。

进而言之,这两方面的问题也是彼此相联系的。时代思潮、意识形态的变更需要传奇艺术做出反映,而"案头之曲"却不能负此重任,它的影响力极为有限。正因如此,反对"案头之曲"、提倡"场上之曲"同样便于戏曲适应时代需要。两者是不可分割的,它们又都亟待戏曲家们做出回答。汤显祖和沈璟适应了这一时代要求,从各自不同的角度提出了不同的理论主张。

汤显祖的戏曲理论与阳明心学有着莫大的渊源,汤显

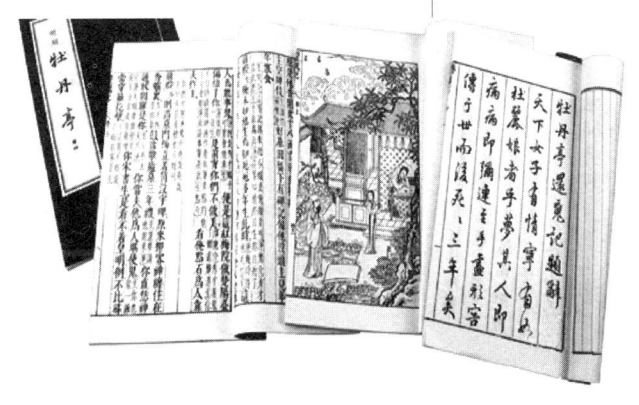

《牡丹亭》书影

祖少年时即拜泰州学派的著名学者罗汝芳为师，罗氏宗王阳明"致良知"为圭臬，主张以"赤子良心""不学不虑"去"体仁"，其治学一扫宋儒以来之迂腐阴霾。正因如此，汤显祖的主张反对传统礼教，批判程朱理学，要求个性自由，也就不难理解其承自于何处了。具体而言，汤氏的主张可以概括为两点。

一是崇尚才情。在《序丘毛伯稿》中他说道：

> 天下文章所以有生气者，全在奇士。士奇则心灵，心灵则飞动，能飞动则上下天地，来去古今，可以屈伸长短，生灭如意，如意则可以无所不如。

亦即创作时须任凭才情发挥，率意所至，不受束缚，靠的是"心灵"，要"上下天地，来去古今""屈伸长短，生灭如意"。惟"奇士""灵心"，天下文章方才得其"生气"。

二是以情反理。他在《耳伯麻姑游诗序》中说："世总为情，情生诗歌，而行于神。"已将"情"视为诗歌之本。在《牡丹亭》中，汤氏更高举"以情反理"的大旗，其《题辞》中写道：

> 如丽娘者，乃可谓之有情人耳。情不知所起，一往而深。生者可以死，死可以生；生而不可与死，死而不可复生者，皆非情之至也。……第云理之所必无，安知情之所必有耶！

此段可以视作是汤显祖的"情教"宣言，历来脍炙人口。他在此明确地把"情"置于与"理"相对立的地位，认

为"情"是"不知所起",实际上也就是人的自然属性,是不可抑止要产生的,"理"是不能限制的。而"理之所必无",也就是以"理"注定无法解释的,却是"情之所必有",由此"情"更超越于"理"外,亦可说是"情"对"理"之束缚的打破。总的看来,汤显祖是自觉接受了晚明时代进步哲学思潮,主张戏曲创作要反映时代,要有作家的真情实感,这对于明代前期传奇崇尚道学思想和伦理道德的思想倾向,无疑是一个有力的抨击,从而促进了传奇创作终得脱于凝滞,而能生机盎然。

不同于汤氏,沈璟则从戏曲艺术的技法、规律出发,以本色论和格律论的提倡和探讨,来纠正明代前期传奇创作的"案头之曲"的流弊。它不仅根生于明传奇艺术发展的迫切需要,而且弥补了汤显祖戏曲理论的一个缺陷:传奇作品仅仅反映时代精神、有作家的真情实感还不够,还应该变"案头"之作为"场上之曲"。传奇不但能供较高文学修养的人欣赏,而且要让广大下层平民观众所接受;既要有进步的真实的思想内容,又能够演诸场上的传奇作品才是真正的艺术杰作。由此看来,汤、沈二人的戏曲理论不是矛盾的,而是互相联系、互相补充的。果然,在他们以后不久,吕天成就提出了"倘能守词隐先生之矩矱,而运以清远道人之才情,岂非合之双美乎"(《曲品》)的更为合面的"双美"论,并且也涌现出了一大批"双美"的传奇作品。

既然如此,汤、沈之间为什么还会产生这场争论呢?

究其原因,正在于汤显祖的崇尚"才情"和沈璟主张"守律"之间的矛盾。在具体创作中,要一任才情的施展,就势必要冲破束缚,而戏曲的特殊规律——格律恰恰是一种对才情的束缚。虽然如上述所言,二者间并非是截然的对立,但由于汤、沈两人的争论并非直接进行,而是通过中介人的传递,各处一隅,都没有完全理解对方的理论全貌。汤显祖并不清楚沈璟提倡格律论的用意乃在于纠正"案头之曲"的流弊,沈璟更不理解汤显祖的艺术见解,各自窥斑而不见豹,于是双方都仅仅抓住"才情"——"守律"这一个极为片面的分歧进行争辩,以至于走向极端:汤显祖谓:"余意所至,不妨拗折天下人嗓子";沈璟曰:"宁协律而词不工,讴之始叶,是为曲中之巧"。本来是互相联系、互相补充的理论内容却变成了一对矛盾体。

旁观者清。吕天成就指出:

> 二公譬如狂、狷,天壤间应有此两项人物。不有光禄,词硎不新;不有奉常,词髓孰抉。倘能守词隐先生之矩矱,而运以清远道人之才情,岂非合之双美者乎?

吕氏对汤、沈二人贡献的评述,可谓是得其精髓。任何一种艺术都应该真实地反映作者的思想感情,反映时代的脉搏,亦即"清远道人之才情";同时,它又有自身的特殊规律,创作者必须遵循这些规律,亦即"词隐先生之矩矱"。清代著名戏曲家李渔在论及曲谱的作用时,有一段十分精辟的论述:"是束缚文人,而使有才不得自展者,曲谱是也;私厚词人,而使有才得以独展者,亦曲谱是也。"俄罗斯著名作家阿·托尔斯泰也深有体会地说:"在戏剧创作方面,我不害怕承认我们还是些浅学者。为什么音乐家、作曲家在没有研究那些伤透脑筋的和声学、对位法以前,是不会去写歌剧的呢?而我们在没有懂得舞台规律的时候,就动手写剧本了。但是戏剧这门学问并不比音乐简单而轻易。"的确,任何一个艺术家首先要掌握规律,适应规律,然后运用规律,在规律中创作,正如庄子在《庖丁解牛》中所说的"以无厚入有间",这样才能创造出精美的作品来。

实际上,倘若撇开汤、沈间看似各执一端的争论,而去通盘阅读他们全部的理论和创作,就可以发现,即使是在"才情"和"守律"之间的关系上,他们也并非截然对立,而且有着比较接近的看法。汤显祖的作品尽管不合当时已经兴起的昆山腔曲牌格律,但从整个南戏的曲牌格律体系来看,真正"乖律"的也并不多见。这足以说明他在创作时也自觉地遵循着戏曲艺术的特殊规律,而不是如他自己所说的那样,"笔调韵落,正不妨拗折天下人嗓子"。沈璟大力提倡格律论,对别人是"斤斤三尺,不欲一字乖律",然而在自己的作品中却也是"更韵更调,每折而是",在格律与词意两者中,他所选择的仍然是后者。汤显祖尚"才情",同时也意识到"不佞生非吴越通,智意短陋,加以举业之耗,道学之牵,不得一意横绝流畅于文赋律吕之事",也就是说,对于格律方面的欠缺,他也为之感到苦恼。沈璟重"格律",然而却极口赞美吕天成的传奇作品说"总之,音律精严,才情秀爽,真不佞所心服而不能及者",同样是为自己"心服而不能及"的"才情秀爽"而抱憾。

有趣的是,在《南曲全谱》中,我们可以看到沈璟对《琵琶记》〔凤凰阁〕一曲是怎样改动和评价的。蒋孝旧谱的曲词是这样的:

寻鸿觅雁,没个音信便。谩劳回首望家乡,白云渐远,泪痕如线。妆镜里孤鸾影单。

而沈璟改动之后,则是:

寻鸿觅雁,寄个音书无便。谩劳回首望家山,和那白云不见。泪痕如线,想镜里孤鸾影单。

为什么作这样的改动呢?沈璟在尾注中说道:

……第二句或作五字句,又将'家山'改为'家乡',又删去'和那'二字,遂不成调。况'想镜里'云云,乃因思亲而思妻也,妙在一'想'字上,旧谱乃改作'妆镜',即是五娘自唱之曲,非伯喈遥想之意矣。

由沈璟的注语,可见他不仅是从腔调上改动了曲词,同样也注重从词意上分辨讹误。这支曲子是蔡伯喈考中状元又被牛丞相招赘为婿后唱的,而不是赵五娘所唱,如果是"妆镜里",则意思含混不清,究竟是蔡伯喈还是赵五娘对镜感到"孤鸾影单"呢?改为"想镜里",就清楚地说明这是蔡伯喈所唱,并且是他想象着赵五娘对镜自叹,盼望着自己归去。这就非常切合人

《古本琵琶记汇编》书影

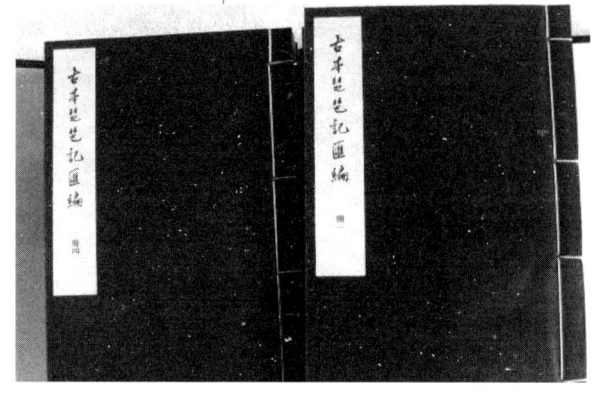

物身份,表现了蔡伯喈既没有勇气离开牛府,却又牵念赵五娘的矛盾心情,真是"妙在一'想'字上"!查阅《六十种曲》本《琵琶记》,这支曲子在二十六出"拐儿绐误"中,其曲词与沈璟改动后的曲词也完全一致。由此可见,沈璟在重视"格律"的同时,也十分留意"才情"和"词意",在如何促进传奇创作发展的问题上,汤显祖和沈璟的侧重点虽然有所不同,但总的目标却是基本一致的。

至此,我们再回过头来看看"汤、沈之争"的性质,就可以得出如下的结论:它是汤显祖和沈璟共同探讨和促进明代传奇艺术发展中所产生的艺术观点之间的争论,双方理论都是进步的,有利于传奇艺术发展的,由于争论的角度不同,他们只是在"才情"和"格律"问题上有所分歧,并非全部理论主张的对立,因而,它不是内容与形式之争,更不是进步文学思潮和落后文学思潮在戏曲领域内的反映。

对汤显祖和沈璟功过的评价,他们同时代的不少戏曲理论家和批评家就已经开始了。王骥德在其《曲律·杂论下》中,最先并具体细致地分析和评论了他们的戏曲创作和理论。对于汤显祖,他评论说:

> 临川汤奉常之曲,当置"法"字无论,尽是案头异书。所作五传,《紫箫》《紫钗》第脩藻艳,语多琐屑,不成篇章;《还魂》妙处种种,奇丽动人,然无奈腐木败草,时时缠绕笔端;至《南柯》《邯郸》二记,则渐削芜颣,俯就矩度,布格既新,遣词复俊,其掇拾本色,参错丽语,镜往神来,巧凑妙合,又视元人别一蹊径,技出天纵,匪由人造。使其约束和鸾,稍闲声律,汰

其剩字累语,规之全瑜,可令前无作者,后鲜来喆,二百年来,一人而已。

客问今日词人之冠,余曰:……于南词得二人:曰吾师山阴徐天池先生……曰临川汤若士——婉丽妖冶,语动刺骨,独字句平仄,多逸三尺,然其妙处,往往非词人工力所及。

对于沈璟,他则这样评价:

松宁词隐沈宁庵先生,讳璟。其于曲学,法律甚精,泛澜极博。斤斤返古,力障狂澜,中兴之功,良不可没。……所著词曲甚富,有《红蕖》《分钱》《埋剑》《十孝》《双鱼》《合衫》《义侠》《分柑》《鸳衾》《桃符》《珠串》《奇节》《凿井》《四异》《结发》《坠钗》《博笑》等十七记。散曲曰《情痴寱语》、曰《词隐新词》二卷;取元人词,易为南调,曰《曲海青冰》二卷。《红蕖》蔚多藻语,《双鱼》而后,专尚本色,盖词林之哲匠,后学之师模也。……

词隐传奇,要当以《红蕖》称首。其余诸作,出之颇易,未免庸率。然尝与余言,歉以《红蕖》为非本色,殊其不然。生平于声韵、宫调,言之甚毖,顾于己作,更韵、更调,每折而是,良多自恕,殆不可晓耳。

……余所恃为词学丽泽者曰四人,谓词隐先生、孙大司马、比部俣居及勤之……

王骥德的确别具只眼。在他看来,明代足以当得"词人之冠"的有两个人,一个是徐渭,一个就是汤显祖。所谓的"词人之冠",就是在戏曲文学创作上达到了顶峰成就。后世的传播和接受完全证明了王骥德评论的准确性。同时,在王骥德看来,明代还有四位可以当得"词学丽泽"的人物,沈璟居其首。

王骥德还进一步比较了沈、汤两人创作、理论:

> 词隐之持法也,可学而知也;临川之修辞也,不可勉而能也。大匠能与人规矩,不能使人巧也。其所能者,人也;所不能者,天也。

继王骥德之后,吕天成在《曲品》中也较多地品评了汤、沈的成就和贡献:

> 沈光禄金、张世裔,王、谢家风。生长三吴歌舞之乡,沈酣胜国管弦之籍。妙解音律,花月总堪主盟;雅好词章,僧、妓时招佐酒。束发入朝而忠鲠,壮年解组而孤高。卜业郊居,遁名词隐。嗟曲流之泛滥,表音韵以立防;痛词法之蓁芜,订全谱以辟路。红牙馆内,誊套数者百十章;属玉堂中,演传奇者十七种。顾盼而烟云满座,咳唾而珠玉在毫。运斤成风,乐府之匠石,游刃余地,词坛之庖丁。此道赖以中兴,吾党甘为北面。
>
> 汤奉常绝代奇才,冠世博学。周旋狂社,坎坷宦过。当阳之谪初还,彭泽之腰乍折。情痴一种,固属天生;才思万端,似挟灵气。搜奇八索,字抽鬼泣之文;摘艳六朝,句叠花翻之韵。红泉秘馆,春风檀板敲声;玉茗华堂,夜月湘帘飘馥。丽藻凭巧肠而濬

发,幽情逐彩笔以纷飞。蘧然破噩梦于仙禅,瞥矣销尘情于酒色。熟掂元剧,故琢调之妍媚赏心;妙选生题,致赋景之新奇悦目。不事刁斗,飞将军之用兵;乱坠天花,老生公之说法。原非学力所及,洵是天资不凡。

在《曲品》"新传奇品"中,吕天成将汤、沈二人的作品特列为"上之上"一类,同时,他又将沈璟列于汤显祖之右,并解释说:"予之首沈而次汤者,挽时之念方殷,悦耳之教宁缓也。略具先后,初无轩轾。"

晚明时期评价汤、沈的还有徐复祚、祁彪佳、沈宠绥、沈自晋、冯梦龙等一大批戏曲家。当然,身在局中,他们自然无法像今人一样,得以纵观历史,从而掌握其发展的走向与脉络。因此,同时代人对汤、沈的评价,在今天看来,确有其不妥之处。譬如对汤显祖《牡丹亭》"以情反理,情必胜理"的呼吁,在当世并未得到充分的认可;再如,在汤、沈地位的孰优孰劣方面,吕天成"首沈而次汤",把沈璟的地位列于汤显祖之上,等等。

然而,惟因他们与汤、沈处于同一时代,又使他们立足于本时代戏曲发展的具体实际来评价汤、沈。

首先,王骥德、吕天成的上述评价有一个共同的倾向,那就是:对沈璟,他们肯定其理论贡献,认为他"斤斤返古,力障狂澜,中兴之功,良不可没",甚至说"此道赖以中兴,吾党甘为北面"。也就是说,沈璟以提倡"场上之曲"为内容的戏曲理论,对明传奇的繁盛和发展起到了不可低估的积极作用,所以王骥德称他是"词林之哲匠,后学之师模"。但是,对沈璟的戏曲创作,吕、王都没有多少称赞的话语。关于汤显祖,他们则主要肯定其创作成就,认为"《还魂》妙处种种,奇丽动人",其它作品也是"技出天纵,匪由人造","丽藻凭巧肠而潺发,幽情逐彩笔以纷飞",因而汤显祖在戏曲史上是"二百年来,一人而已"。

其次,王骥德、吕天成亦指出了汤、沈各自的局限和不足之处,认为沈璟的创作大部分"出之颇易,未免庸率";汤显祖作品亦有"剩字累语"和"字句平仄,多逸三尺"的毛病。应该承认,他们的确抓住和点明了汤、沈剧作不足的一面,是十分中肯的批评。同时也说明,他们在评价汤、沈时,态度是客观冷静的,既不盲目拔高,也不否定其成就与功绩。

遗憾的是,解放以后的文学史、戏曲史研究,把汤、沈的比较研究局限于他们之间所发生的一次并非激烈的争论上,视具体的历史事实而不顾,无限上纲地夸大"汤、沈之争"的性质,人为地拔高汤显祖,贬低沈璟。这种研究方法实在难以谈不上科学,故而其所得出的结论也难免片面。

那么,如何来评价汤、沈各自的历史地位呢?

郑振铎先生《插图本中国文学史》中就此问题的论述,在今天看来仍是不易之论:

> 汤显祖与沈璟同为这个时代的传奇作家的双璧。论天才,汤显祖无疑是高出,论提倡的功绩,显祖却要逊璟一筹。

汤显祖是一位杰出的天才作家,王骥德称"其妙处,往往非词人工力所及",吕天成则说"原非学力所及,洵是

三、沈璟的曲学及其贡献

天资不凡"，都由衷赞叹其人其戏曲，实在是不世出的天才，甚而无迹可以师法。可以说，汤显祖以自己敏锐的感受力，又受到阳明心学的浸染，终于得以打破旧有的藩篱，从而与袁宏道、徐渭等作家一起掀起了文学领域内的浪漫主义运动，并进而将这种浪漫主义精神引入戏曲艺术领域，创作出千古不朽的《牡丹亭》，震动了曲坛。因此，汤显祖不仅在戏曲史，而且在文学史上都是傲睨后世的天才伟人，他对整个中国文学艺术史都产生了深远的影响，他的《牡丹亭》永远感动着千万读者。

　　沈璟的戏曲理论反对"案头之作"，提倡"场上之曲"，而其特为难能之处在于，不仅作此种提倡，亦且胪列了何以实现此种转变的方法，实在嘉惠曲林莫大。正因如此，王骥德称其为"后学之师模"，吕天成则说"此道赖以中兴，吾党甘为北面"。可以说，沈璟"可学而知"之"法"，为许多戏曲家创作解决了技术性难题，又细致而微的使得大批戏曲家得以把握戏曲创作的堂奥门径。沈璟向"场上之曲"的转型，促使传奇艺术走向了下层社会；而他的创作数量众多，同时也大大丰富了明中叶的戏曲舞台。因此，沈璟是中国戏曲发展史上的一位重要理论家和作家，他为明中叶后传奇艺术的繁荣发展立下了汗马功劳。

四、吴江沈氏的戏曲之风

(一) 从文学世家到戏曲世家

在中国文学史上,不乏一门之内,父子兄弟皆以文名著称的例子。远者如建安曹氏父子、蜀中三苏父子,近者象鲁迅、周作人兄弟;也有一家数代文人辈出者,如唐代杜审言与杜甫,祖、孙并著。但是,一个家族众多人均参加创作,历十数代而不衰的文学世家却较为少见。吴江沈氏世家可以说是一个突出的例子。

吴江沈氏世家从第五代沈奎开始以文鸣世,此后"以诗赋文辞名者众"。不过,沈璟以前的吴江沈氏世家的才俊,多以诗、文而闻名,在《吴江沈氏诗集录》中,我们可以看到,沈璟高祖沈奎,即以诗、文见长,"风格淳古,直逼汉魏";沈璟伯祖父沈嘉谟"所为诗稳秀流逸,近于唐人"。嘉谟之子沈位、沈倬均以诗文见重于时。他们和明中叶著名的"唐宋派"代表人物唐顺之、茅坤还有交往,沈位为隆庆二年进士、宦名、文名并显,"自少力学强识,长,与唐荆川、茅鹿门二先生游,得其指授,为古今体,诗、文皆见重于时"。沈倬虽无功名,但"读书过目成诵,学文于归安茅副使坤,学诗于金坛张太守祥鸢,每有作,持笔立成,咸中纪律。武进吴助教嵌、徐给事常吉皆惊服,折辈行与交,登太和,历齐云,泛西湖以归,到处辄为咏歌,时皆传诵"。清乾隆年间沈祖禹辑《吴江沈氏诗集录》,有诗流传于世的达九十余人,其中还有二十一位女诗人。清代沈德潜为之作序,赞叹不已:"古人父子能诗者,如魏征西之

有丕与植,庾肩吾之有信、苏,许公之有颋为最著。兄弟则如应锡、应璩,丁仪、丁廙,陆机、陆云,至唐之五窦,宋之四韩,称尤盛焉。而杜审言之有甫,则祖孙并著;王融前后四世有籍,则祖及孙曾,俱以诗名于时。"吴江沈氏世家却不仅"以诗赋文辞名者众",而且"萃于一家,历数传而未艾者,史书中亦不易得也"。

沈璟是吴江沈氏文学世家中第一位致力于戏曲创作和研究的人。他虽然有《属玉堂诗文稿》,诗、文、词均有流传,但这些远远不及他在戏曲方面的成就。从三十七岁辞官归隐后,他的主要精力都用在戏曲方面。

沈璟的出现,使得吴江沈氏世家的文学传统发生了一个显著的变化,那就是形成了研习和创作戏曲的风气。自兹而后,尽管还有不少沈氏后辈专注于诗文,更多的却以戏曲饮誉文坛,吴江沈氏从此由诗文世家转换为戏曲世家。其从子沈自晋、沈自徵紧步后尘。沈自晋之侄沈永乔创作有《丽鸟媒》、《玉带城》传奇二种,另外一位侄子沈永令有《桃花寨》传奇。沈璟长孙沈永帧之妻叶小纨的杂剧《鸳鸯梦》"有贯酸斋、乔梦符之风"(乾隆《吴江县志》卷三十四),从目前资料来看,她或是中国戏曲史上第一位女性作家。此外,沈君谟、沈自继、沈璟三女沈曼君分别有传奇和散曲作品留存在《广辑词隐南曲谱》中。沈自晋之子沈永隆也有戏曲创作,据清王豫的《江苏诗徵》记载,他"尝续范香令传奇,识者谓可与《望湖亭》并传。"沈氏的其他亲友们也被此风浸染,纷纷创作戏曲,如顾来屏为沈珂孙女婿,作有传奇《摘金园》,且有散曲集《耕烟集》。这里我们对沈自晋、沈自徵和叶小纨略做介绍。

（二）沈自晋与他的《望湖亭》传奇

沈自晋是沈璟后辈中最有影响的戏曲家。他字伯明，晚字长康，号西来，又号鞠通生，是沈璟从弟沈瓘之子。生于明万历癸未年（1583）九月十八日，卒于清康熙乙巳年（1665）二月二十六日，享年八十三岁。他放弃功名，隐居吴山，以继承沈璟开始的词曲之学为己任。在戏曲创作上，有《望湖亭》《翠屏山》《耆英会》三部传奇，另有散曲集《睹墅余音》《黍离续奏》《越溪新咏》《不殊堂近草》等。他在冯梦龙的积极鼓励和支持下，著成《广辑词隐南曲谱》二十六卷，增补了不少沈璟《南曲全谱》问世后出现的传奇和散曲作品。沈自友《鞠通生小传》记载，他"虽崇尚家风，著词斤斤尺矱，而不废绳简，兼妙神情，甘苦匠心，朱碧应度，词珠宛如露合，文冶妙于丹融"，换言之，他象吕天成所期许的那样，在传奇创作上贯彻了"守词隐先生之矩矱，而运以情远道人之才情"。这一创作实践实际上弥补了沈璟曲论的片面性，在一定程度上完善了沈璟的曲学，因而得到不少戏曲家的肯定和推崇，吴伟业、李玉、尤侗、叶时章、袁于令、范文若、卜世臣、冯梦龙等均与之交往密切，"一时名手，如范、如卜、如袁、如冯，互相推服"，卜世臣和袁于令为其传奇作序，冯梦龙选录《太霞新奏》，将其作品推为压卷之作，范文若盛赞曰："新推袁、沈擅词场"，"幸有钟期沈、袁在"。其作品也盛演于一时，"名优爱唱其辞"。

《望湖亭》是根据冯梦龙编辑的《醒世恒言》第七卷《钱秀才错占凤凰俦》改编的传奇，现存明末刻本。该剧共35出，写淞城（小说中为吴江县）秀才钱青，父母早丧，

四、吴江沈氏的戏曲之风

109

在表兄颜秀（小说名颜俊）家读书。太湖洞庭西山的富商高赞，有女高白英（小说名秋芳），容貌美丽，又天性聪慧，因此做媒说亲者不断。高赞怕媒人夸张，要求凡是求亲的，必须经他目验。淞城望湖亭颜秀家中富有，面貌却丑陋不堪，又不愿意读书，在妙香庵看见高白英后，神魂颠倒，就请朋友尤辰打听她的出身，又让他做媒说亲。无奈高赞必须目验求亲之人，颜秀就请钱青代替自己到高家相亲。相亲之后，高赞夫妇都对这个"女婿"非常满意，他们的女儿高白英也暗暗庆幸得到如意郎君。而那个躲在后面的颜秀，因为钱青代替相亲、终于和高家定下婚约，也满心欢喜。在迎娶高白英时，颜秀怕自己前往，高家反悔，再次请钱青代替自己，钱青无奈，又一次冒充新郎。本来只要把新娘接回颜家，他的冒充也就结束了。谁知到了洞庭山后，风雪大作，高家决定，就在洞庭山让一对新人入洞房。钱青左推右却，但在道理上拗不过高家，只得假意和高白英成婚，但夜里只是和衣而卧，不负颜秀之托。风雪过去后，娶亲队伍返回，颜秀与钱青扭打，高赞知道实情后又与尤辰扭打。恰好县令管六飞（小说中只是称"大尹"）巡视望湖亭，断高白英与钱青为夫妇。后钱青考中状元，衣锦荣归。

作为小说的改编，沈自晋并非原封不动地照搬小说，而是通过如下改动和增加情节，对钱青形象有了较大的加工：

《望湖亭》"照镜"剧照

1. 钱青一开始寄居玄真寺,元旦新正也是独自一人。县令管六飞见其文章很好,遂推荐他到颜秀家坐馆,以帮助他解决生活问题。其实颜秀的母亲是其姨母,戏曲写钱青不依靠姨母,表现出钱青作为读书人的自我志气。

2. 钱青替颜秀去高家相亲、迎亲,对于读书人来说,是"行止有亏"。小说写颜秀求他的时候,他也再三推脱。戏曲增加了颜秀的母亲(也就是他的姨母)出面请求。碍于亲情,他才勉强答应。这样写来,减轻了他的"行止"上的亏欠,增强了人物的正面性。

3. 戏曲增加了黄小正这一人物,她是颜秀母亲收养的义女,对颜秀的屡次调戏,她都设法拒绝,但又对钱青生出情意,夤夜求欢,又被钱青好言拒绝,并将她哄出书房。这一人物的增加,一方面使得作品人物关系更加丰富,更重要的是通过她形成颜秀的好色和钱青的君子情怀。(第十三出)

4. 小说写钱青相亲,对其才华的叙述比较简单。戏曲第十四出写钱青相亲,高家园中并蒂莲盛开,钱青吟诗一首:"俄看一叶长青钱,忽做红颜开并莲。莲子同心谁共结,鸳鸯比翼若为眠。"此诗,高家丫鬟引来高白英在楼上看人听诗。钱青的才华不仅让高赞大喜过望,高白英也暗喜于心,回到闺房中也和诗一首。

5. 增加了钱青考中状元、帮助颜秀选上洞庭山巡简、衣锦荣归的情节。特别是帮助颜秀的情节,表现出钱青"只重旧情,不念旧恶"的胸怀。

此外,沈自晋还在小说的基础上增加一些情节,使得作品的内容更加合理和丰富。例如,小说写颜秀只是听了贩卖洞庭山果品的尤辰说起高赞之女美丽聪慧,在没有见到本人的情况下就动了娶美之心。戏曲增加了颜秀约钱青、尤辰出外游玩,在妙香庵见到了高白英,被她的美貌所迷,于是要尤辰打听其家庭身世,又想各种办法要娶她。这样的安排显然更符合生活情理。第二十三出,写钱青、尤辰等到高家迎亲,酒筵中还增加了演戏的情节,所演之戏为柳下惠坐怀不乱的故事。这不仅是"戏中戏"的手法,而且所演之戏又与钱青在洞房和高白英相对不乱的行为相对应。不过,作品中增加的梓潼帝君托梦钱青,以及风姨、河伯知晓颜秀骗婚、刻意阻拦迎娶队伍返回的情节,其实纯属赘笔。

作为戏曲改编,沈自晋还在小说的基础上,加强了作品的喜剧性。这特别体现在颜秀形象的塑造上。在角色安排上,颜秀由"净"角扮演。这个形象的喜剧性是由"癞蛤蟆想吃天鹅肉"而形成的。他的容貌丑陋,却偏偏想娶美貌聪慧的高白英。由于高赞必须"目验"求亲之人,他只好央求表弟钱青替他去相亲和迎亲,结果是赔了美人赔钱财,枉费了一番心机。作品第十出,写尤辰告诉他高赞要"目验"求亲之人,又说他容颜"不十分标致",他觉得"求人不如求己",就找来镜子,想着"或许照些好处来"。沈自晋为他安排了一段【太师引犯】,让他自说自道:

把镜儿磨得似冰轮破,对着咱把双儿睛打一睐。逼得我须眉无那。(做鬼脸介)哎呀,委实看不中哩!怪道这些人动不动叫我是一个丑汉。浑名儿唤俺非讹。还有一策,不免将脸儿洗净了,再看一回。(洗面照介)浣却了浮沉积涴,越显得那累累珠颗。嗳,我晓得了。若是天生个如玉貌呵,【刮鼓令】纵叫他乱头粗服美如何!

接着,他又让小厮们将他的新衣服拿出来,穿上后再照镜子:

【前腔】慢瞧科也瞧得过。料非关容衰鬓皤。(照介)阿呀,一发不妙!说甚么新标惊座,抵多少说鬼妆傩。难道这件新衣有什么魔鬼在里头?着了他反增其丑!敢被那鲛丝作祸。(除巾脱衣介)反不如裂冠儿赤裸。嗳,我晓得了。若是风流货,衣不在多。又何必羽衣鹤氅任婆娑。

为了证实自己是否丑陋,他先是照镜子,发现自己的容颜确实难看,别人给他起的"丑汉"浑号并非有意丑化自己。接着他又传上新衣服,对这镜子再照,同样不能让自己俊美,这让他明白了一个道理,"若是风流货,衣不在多"。这两段对镜窥容的唱段,配上舞台动作,将颜秀的"力求自炫为美"的心理表现得淋漓尽致,演诸舞台,令人忍俊不禁。

(三)沈自徵和他的《渔阳三弄》杂剧

自沈璟之后,吴江沈氏成员的戏曲创作似乎主要是在传奇艺术方面,但沈自徵却是一位杂剧作家,也是一位值得我们特别注意的作家。

沈自徵字君庸,是沈侃之孙,沈珫之子,国子监生。《吴江沈氏诗集录》介绍他说:

怀奇气,慕鲁仲连之为人,游京师十年,公卿达官,争招致之,多倜傥之画策,难释纷解,即辞去……

崇祯庚辰,国子祭酒荐公于朝,以贤良方正科辟,不就。公淹通今古,为诗文立就,无定礼。尤长乐府,尝为《渔阳三弄》自寄……学者遂号公为渔阳先生云。

他以鲁仲连为崇拜对象;荐他入朝为官,却辞谢不就;为诗文援笔立就,而不顾及格律诸限制。这一切表明他的性格完全不同于沈璟的中庸谨慎,而是保持着鲜明的个性。这在他的杂剧《渔阳三弄》中可以清楚地看出来。

《渔阳三弄》实际上包括三个短剧:《霸亭秋》、《鞭歌妓》、《簪花髻》。它们集中地反映了沈自徵的思想性格。

在思想上,这三个短剧都寄寓了作者在封建社会怀才不遇的愤慨不平。它们有一个共同特点:主人公都是落魄不遇的文人书生。《霸亭秋》中的杜默自谓:"自幼攻习儒业,学成满腹文章,前往京师应举,怎奈当朝不识,落魄而归。"

显然,这是一个在科举上失意的儒生。《鞭歌妓》中的张双则是一个性格狂放、不容于世的书生:"幼习文章,颇能辩论,说剑谈兵,自许以功名显,不事家人产生,贫无自立,流落江湖,客隐于淮泗之间,每使酒骂座,人无近之者。"《簪花髻》则以明代文人杨慎为主角,他自我陈述道:"只为当今大礼一节,下官痛苦廷谏,圣人将我贬落金齿(云南)为军,人人道咱杨升庵的不是……"

封建社会中知识分子的不幸命运:一是科场失利,名落孙山;二是流落下层社会,穷愁潦倒;三是即使入朝为官,命运也是掌握在最高统治者手里,随时有遭到贬谪的可能。杜默、张双和杨慎三个形象,正好各自代表了不幸命运中的一种。

作者借他们之口,一吐胸中不平之气:

> 投至得文场比较,都不用贾生文、马卿赋,衡一味屈原骚。见如今鲲鹏掩翅、斥晏摩霄;枭争鸾食,雀嚷鸠巢;隋珠暗色,鱼目光摇;驽骀伏轭,老骥长号;捐弃周鼎,而宝康瓠。哑邹生谈天馆争头鼓脑,瞽毛施明光馆炫服称妖。野水渡春波拍拍,无媒径荒草萧萧。题名记是一篇篡修雁塔,泥金缄是一纸抄花题桥。猛听的沪传声彤墀头齐唱白铜鞮,近新来浪桃花禹门关收纳鸦青钞,出落得一付鲜衣怒马,簇仗鸣鑣。
>
> ——《霸亭秋》〔混江龙〕

明初,朱元璋恢复了八股科举制。它是封建统治者用以拉拢、引诱知识分子的一副诱饵;同时,它规定以朱注《四书》《五经》命题,把经过宋儒加工改造,上升到宇宙本体论的儒家思想通过这一手段灌输到士子们的脑子里,让他们俯首帖耳为封建统治者效劳。明代前期,绝大部分知识分子都在八股科举制下盘旋,陷入其中而不能自拔。明中叶,一些作家已开始对这一制度提出怀疑,汤显祖笔下的陈最良就是一个"将耳顺,望古稀,儒冠误人霜鬓丝"的受八股科举制毒害的腐儒形象,王衡的《郁轮袍》也讽刺了八股科举制对于真才的埋没。

《霜亭秋》对于八股科举制的抨击较之汤、王二人激烈得多。上引〔混江龙〕一曲简直就是一篇声讨八股科举

制的檄文:真才屈杀,庸才报捷,"哑邹生谈天馆争头鼓脑,瞽毛施明光馆炫服称妖",正是最为形象的描绘。钱可通神,钱更可买功名,"猛听的沪传声彤墀头齐唱白铜鞮,近新来浪桃花禹门关收纳鸦青钞",正是对此绝妙的概括。人们常常评论蒲松龄《聊斋志异》对八股科举制度进行了批判,沈自晋却更早地把笔锋直指这一坑杀儒生的不合理制度,而且其激烈程度较之蒲松龄有过之无不及。

如果说上引《霸亭秋》〔混江龙〕一曲还只是批判了明清盛行的八股科举制,那么《鞭歌妓》中张双的一段话,则更为广泛地概括了封建社会知识分子的不幸命运:

> 那愚汉他每日喫屎屙溺,如养猪喂狗一般,识甚天高地下?到大来心地安闲。你看古来才子,那一个不困于穷愁?便做道秋月春花,多揽着阔愁闲闷,那见他舒眉的日子!你莫笑他痴。他喫的是痴食,穿的是痴衣,你看他面上油珠骨碌碌滚下来的,腮边绽觚一条条爆出来的,是些什么?都是那痴里头长出来的痴福也。

贤愚不分、是非颠倒,是封建社会最正常、最普遍的现象,知识分子的遭遇尤其如此,"你看古来才子,哪一个不困于穷愁"——这是高度的概括!更可悲的是,在传统儒家文化的熏陶下,他们依然忧国忧民,"兼济天下",所谓"便做道秋月春花,多揽着阔愁闲闷,那见他舒眉的日子?"忧患意识又那样无情地折磨着这些陷于穷困境地的士子们,相反,那些达官贵人、王孙公子、品行败坏者,虽然智无四两,却一个个飞黄腾达,脑满肠肥。不合理的现实根源于不合理的制度,沈自徵虽然没有明确意识到这一点,但是他的感慨已足以引起人们的共鸣和深思了。

晚明祁彪佳《远山堂曲品》把沈自徵的三个短剧均列为"妙品",评《霸亭秋》曰:"传奇取人笑易,取人哭难。有杜秀才之哭,即项王帐下之泣,千载再见。有沈居士之哭,即阅者亦唏嘘欲绝矣。长歌可以当哭,信然。"对《簪花髻》评论道:"人谓于寂寥中能豪爽,不知于歌笑中见哭泣耳。曲白指东扯西,点点是英雄之泪。曲至此,妙入神矣!"而评《鞭歌妓》则曰:"寄牢骚不平之意耳。""长歌可以当哭","于歌笑中见哭泣耳""寄牢骚不平之意耳"等评语,十分确切地抓住了《渔阳三弄》的精髓。如果说,马致远在《荐福碑》中感叹"如今这越聪明越受聪明苦,越痴呆越享了痴呆福,越糊突越有了糊突富"还是根源于元代废除科考、儒生晋身无路的现实,那末沈自徵则是站在封建社会末期,对知识分子命运进行普遍总结了。

清代焦循《剧说》引《词苑丛谈》云:"沈自徵负才任侠,所著《霸亭秋》《鞭歌妓》《簪花髻》,名《渔阳三弄》,与徐文长并传。"又引《古夫于亭杂录》说:"吴江沈君庸自徵,作《霸亭秋》《鞭歌妓》二剧,浏漓悲壮,其才不在徐文长下"。这两则材料不约而同地把沈自徵与徐渭联系在一起。徐渭是明中叶的一个闻名于世的异才奇士,与他同时代的袁宏道曾感叹道:"文长无之而不奇者也,无之而不奇,斯无之而不奇也!"奇人出奇文,徐渭的《四声猿》杂剧也被目为"天地间一种奇绝文字"。无独有偶,沈自徵也是一位"怀奇气"的疏狂之士,因而《渔阳三弄》所体现的艺术风格与徐渭的《四声猿》十分接近,"奇绝文字"四个字同样可以用来概括他的三部短剧的艺术特色。

首先，人物"奇"。

《霸亭秋》中的书生杜默落第归来，路过乌江亭项王庙，见到泥塑项羽神像，从项羽"以大王之英雄，不得为天子"联想到"以杜默之才学，不得作状元"，悲从中来，不禁放声大哭。这种怪诞的行为类似于吴敬梓《儒林外史》中的周进撞号板和范进中举发疯，但周进、范进之怪诞，却只是追求科举功名久而不得所引起，是吴敬梓冷眼观察科举制度对读书人之毒害后的笔墨；而杜默之怪诞，乃是有才不得展而发，寄寓着作者牢骚不平之气，"奇"的色彩较之周进、范进浓烈得多。

《鞭歌妓》中的张双更是令人拍案称"奇"。他流落江湖，穷愁困顿，恰遇礼部尚书裴宽上任，裴宽见他"状貌奇伟"，请他上自己的官船，交谈之后，深感他"谈论慷慨，大是奇士"，遂将数万金帛及侍妾相赠，张双竟然不辞，马上对裴宽说："圣人云：不义而富且贵，于我如浮云。非礼之物，一介不取，礼所当收。尧以天下与舜，被珍衣鼓琴二女裸若，固有之。小生受了也。则今番小生是主，老尚书是客，请转坐波。"两个侍妾对张双颇有轻视之意，张双怒起鞭挞。作品借裴宽之口赞叹道："我将数万金赍赠与那生，他一诺无辞，面不改容，调度有方，鞭挞奴婢，旁若无人，岂不是天下奇士！"

《簪花髻》中的杨慎被贬云南，终日与酒为友，酒醉之后，便吟诗作赋，不用铺纸，只写在妓女的衣服上。三月春游，他脸涂脂粉，身着女装，头插红花，惹得路人惊奇不已，更是一个狂放不狷的奇人奇士。

其次，关目场面"奇"。有人物之"奇"，便有关目场面之"奇"。《霸亭秋》中，杜默对着项羽神像放声大哭，神像也泫然涕下。《鞭歌妓》中,张双衣衫褴褛,一身邋遢,自然为庸俗势利的侍妾们所瞧不起,裴宽将她们送与张双,张双毫不辞让,变客为主,命她们准备宴席,她们却侮骂张双:"呸!你看这厮嘴脸波!侍儿是你叫的?什么席?藤州席?荆州席?你奶奶家里顶芦席!"张双让她们奏乐,她们却反唇相讥:"动乐动乐,你准备着破窑中风雪落,擎着柄寒乞脸儿街上踱,十人见了九人憎,则你那肚里春雷响阁阁。"张双恼怒不过,命令张千将她们各打五十皮鞭。这一场面不仅"奇",而且富有喜剧色彩,令人忍俊不禁。特别值得称道的是《簪花髻》中杨慎春游的场面。杨慎涂面、衣裙、簪花,这一奇特的举动引来了无数道惊奇怪的目光——

四、吴江沈氏的戏曲之风

(二丑扮村男女上)则王留胖姑每,都来看痴子去!

〔末〕

〔滚绣球〕引得那王留儿足力力紧地随,逗得那胖姑儿气吁吁声喘息。(旦)则那看官们,休挤上来也。(末)拥得俺后合前挤。(杂笑介)(末)笑得他东倒歪西。这里是哪里?(旦)前面官府厅、四牌楼、十字街也。(末)早来到十字街,出卖着一味痴。(净上笑介)好也啰,今日腊月廿四,灶王婆儿来了。(末)那茶博士将咱调戏。(副净上)这厮是什么来历?(末)那解典哥苫眼铺眉。(杂)则他是钟旭嫁女,鬼子娶妻也。(末)一个道保亲送嫁的钟馗女,一个道吊客丧门的鬼子妻。都乱讲胡疑。

列位,也不则我是妇人,那三教圣人,他都是妇人。(净)怎么是妇人?(末)〔滚绣球〕三位圣设教的都是一般儿妇人每。你道他每日家说些什么?(净)他说的定是道理。(末)你道他讲谈些道理,原来只论着闺帏。老子道:人之大患在于有身。他患有身是愁梦尫。(净)释教呢?(末)他道夫坐儿坐。(净)这个是什么意思?(末)这是圣人的有礼也。他道是齐眉了夫婿,方好去列坐着娇儿。(净)孔子呢?(末)孔子道我待嫁者也。他合婚到七十二处犹相待。不道来红紫不以为亵服。(净)为何?(末)因此懒把红紫当年作嫁衣,一个个是螓首蛾眉。

(杂)听他说鬼话,误了我们生意。去罢。(下)
(末行犬吠介)

〔叨叨令〕桀家龙自合向桀家吠。(内掷瓦砾介)打痴子!(末)您傍州人只看得傍州例,穷途时决不下穷途泪,怪惺惺的自有那惺惺惜。兀的不唾杀了也么哥,兀的不骂杀了也么哥。则杨升庵出卖一副冷淋浸鲜血颈子,向普天下寻不着一个买主。我那贩屠的只合向屠家计。

(内)笑杀人也,笑杀人也!

············

杨慎满腹才气性格狂放,又遭贬谪,所以更是疏狂落陀,恣情适性,不受羁绊。他的行为举动惊世骇俗,自然为一般人所不能理解,被目为"痴子",乃至受到犬吠瓦击的"优待"。不仅如此,他又对儒、释、道三教都加以调笑,口出奇言、怪语,真是"笑杀人也"。当然,我们今天似可

考见杨慎此语,或出自宋人高怿《群居解颐》所记:

> 咸通中,优人李可及者,滑稽谐戏,独出辈流……乃儒服险巾,褒衣博带,摄斋以升崇座,自称"三教论衡"。其隅坐者问曰:"既言博通三教,释迦如来是何人?"对曰:"是妇人。"问者惊曰:"何也?"对曰:"《金刚经》云:'敷坐而坐',或非妇人,何烦夫坐,然后儿坐也?"上为之启齿。又问曰:"太上老君何人也?"对曰:"亦妇人。"问者益所不喻。乃曰:"《道德经》云:'吾有大患,是吾有身。及吾无身,吾复何患?'倘非妇人,何患乎有身乎?"上大悦。又问:"文宣王何人也?"对曰:"妇人也。"问者曰:"何以知之?"对曰:"《论语》曰:'沽之哉,沽之哉! 吾待贾者也。'向非妇人,待嫁奚为?"上意极欢,宠赐甚厚。

高怿的故事应当就是杨慎此处戏语的本原。然而,虽然高怿记此是"优人"之语,已经语近浅白,但如与杨慎曲词相比,则杨慎的语言要"当行"或者说是市井气得多。而正是这一分市井气,却平添一股生气。曲终人散,杨慎连叹两声"笑杀人也,笑杀人也!"就剧里人而言,这种"笑"是无知的笑,但若就杨慎而言,则是他虽醉却醒,世人虽醒却醉。这个奇待的场面、延宕的笑声里,寓合的意味十分深长!

再次,语言"奇"。徐渭善于写作"奇"词,这里所谓的"奇",既不同于骈俪派的典雅,也不仅限于通俗而已,它乃是与作品所表达的"奇"的思想、塑造的"奇"的人物紧密联系在一起。沈自徵的"奇气"个性也使他的作品语言带有"奇"的色彩。且引《鞭歌妓》中裴宽侍妾对着穷愁困顿的张双唱的一段曲子：

> 那里摆来一个大歪剌，呀，一个麻渣，呀，一个麻渣。邋遢芒鞋麻打渣，打麻渣。脚下踏怎觑，泥污的腌身分，呀，一个麻渣，呀，一个麻渣。一弄儿装乔麻打渣，打麻渣，风势煞。呀，一个麻渣，呀，一个麻渣。

这段曲词与很多论者常引的徐渭《狂鼓史》中的"打冬烘""冬打烘"那三段《乌悲词》有着异曲同工之妙，利用民间曲调的演唱方式，恍惚迷离而又妙趣横生，奇语奇句却又别具风味。再看《簪花髻》中的〔煞尾〕：

> 春来没片无愁地，索向春前痛哭归。想着春识面红英蕊，春老去雨肥梅，春腰瘦东风细，春眉翠远山滴，春脚纤香尘砌，春发垂绿云腻；定春红桃芬绯，买春钱榆荚碎；春相间燕语低，春欲眠莺呼起，春漏泄胭脂湿，春留恋缠绵絮，春有泪江雨飞，春生子花狼籍，春态度日迟迟，春赴约来密密；抱春儿睡一回，春梦远难寻觅；解春衣劝一杯，春去急无踪迹，挽春情垂杨曳，吊春魂杜宇啼，花信风春吁气，鸠呼雨春愀唧。人有恨春无计，春不语诗牵系。散春愁除酒醉，酒醒后春别离。则春山寂寂，春水渺渺，春草萋萋，都做了春恨菲菲。我收拾一江春，都倾在中春醒先生的酒瓢里。

这段曲词以"春"为主骨，句句不离"春"，一气呵成，

全篇又以"向春前痛哭"为主旨,寄寓剧中人物对于怀才不遇、沉抑下僚的愤慨,读来令人回肠荡气,张佩玉评曰,其句"几如撒漫使钱矣"。于此可见作者"怀奇气"的个性。无怪乎王士祯、朱彝尊等文学大家都十分称赏了。

明中叶以后,以李贽为代表的王学思潮异军突起、风靡一时。它背叛封建伦理纲常,倡导个性,影响了一大批文学艺术家,徐渭、汤显祖、公安"三袁"……他们的作品十分明显地表现出了不同于以往的独特个性。沈自徵生活于晚明,很自然地接收了这些进步思想,他的作品无论在思想上还是艺术上,都与徐渭、汤显祖等人一脉相承,体现了一种时代的进步性。

(四) 吴江沈氏女作家群体

吴江沈氏在文学、戏曲上的繁盛,在如前节所述层出不穷的男性作家之外,另一个令人叹为观止的现象,即是吴江沈氏一门中,女性作家的数量之多、绵延之久、成就之高。这样的情形,不仅在中国的文学史上,甚而在世界文学史上亦是一桩难见的盛事。

柳弃疾为《松陵女士诗征》所作《序》中说:

> 自水西沈氏(沈汉)出,高门奕叶,声旂烂然,宛君(沈宜修)、少君(沈智瑶)蹶其业,珠盘玉敦,乃在脂奁粉盝间。人第知《鹂吹》一集推倒并世,不知上慰道人(沈静专)《适适草》亦生龙活虎才也。厥后一传而为玉霞(沈静筠)、绣香(沈淑女)、惠思(沈宪英)、端容(沈华鬘)、宫音(沈关关),再传而为素嘉(沈树荣)、参苓(沈友琴)、纤阿(沈御月)、蕙贞(沈㾗

四、吴江沈氏的戏曲之风

纫），三传而为咏梅（沈咏梅），四世相承，弗坠厥绪。而一时执箕帚来归者无为（张倩倩）、玉照（李玉照）、蕙绸（叶小纨）、法筵（金法筵），又皆旗鼓相当，号称大敌。虽流传百年以后，迁徙百里以外，而吴门翡翠尚湖环碧犹灌溉其余沥。任心斋有言：岂扶舆秀淑之气有特钟欤？抑其濡染家学有由也？岂不信哉！次则分湖诸叶，叶叶交辉，《愁言》《返生》世夸双璧，而横山之论《存余》，且以为情词黯淡过于姊妹二人，即香期（叶小繁）后起，不复有赫赫名，要其枫叶堕秋，芦梢惊梦，小戎女子之思宁非旷代逸才。是则沈、叶两家闺秀实足弁冕我邑词坛，非第为明清两朝蝉蜕之中坚也。

由柳弃疾的序文，不难觑见沈氏女作家及作品的繁盛。仅柳氏所列，已有约二十人，而据今人所补遗，其总数约在三十人左右，可见其人数之众。这四代、近三十位女性作家中，除少数几位仅有数首诗作、词作传世外，大多数都有各自的诗文集，可见其著述之多。其中最负盛名的，则可举出诗人沈宜修和沈静专，戏曲家叶小纨，词人叶小鸾、沈宪英，散曲家沈蕙端等等，可见其成就之高。

吴江沈氏的女作家群体中，最为著名的，或者可以称为这个群体的灵魂人

《松陵女士诗征》书影

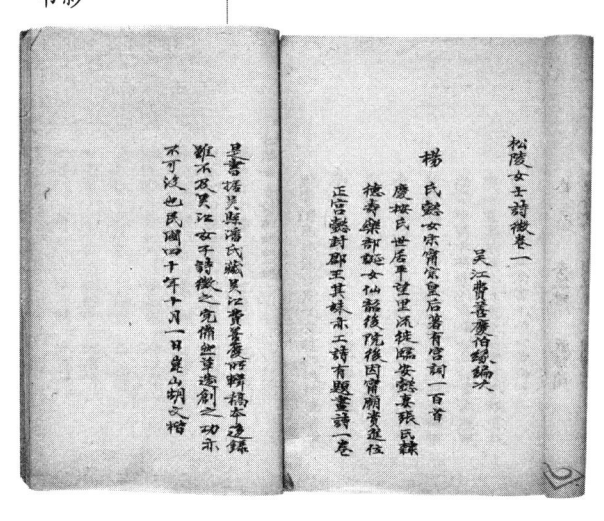

物的,当推沈璟的女侄——沈宜修。

沈宜修(1590—1635),字宛君,沈珫长女,沈璟女侄。万历三十三年(公元1605年),沈宜修十六岁,嫁与同邑叶绍袁。叶绍袁,正出自柳弃疾《序》中所说"分湖诸叶,叶叶交辉"的吴江叶氏。沈宜修与叶绍袁,夫妇并有才名,可称是才子佳人、金风玉露,比起鉴湖女侠秋瑾所慨叹亦且自怜的"可怜谢道韫,不嫁鲍参军",实在是幸运的多。琴瑟合鸣、相映成辉的婚后生活,或许为沈宜修的创作提供了良好的环境。终其一生,沈宜修留下了《鹂吹集》二卷,其上卷存诗五百一十四首,下卷收词、文赋等一百余篇。此外,她又著有《梅花诗一百绝》,专以咏梅,其中多有佳句,如"梦到江南寒雨夜,尽将幽恨上眉头","冰心不似杨花意,独向青山别恨长",使得这四君子之首的梅花,平添了女性独有的心绪。

四、吴江沈氏的戏曲之风

不仅如此,沈宜修与叶绍袁的三个女儿叶纨纨、叶小纨、叶小鸾也各有文采,时人"尽称令晖、道韫萃于一门",也就是像鲍令晖、谢道韫那样的千古才女,竟好像一下子汇聚到了沈、叶一门之中。钱谦益曾记宜修常"与三女相与题花赋草,镂月裁云。中庭之咏,不逊谢家;娇女之篇,有逾左氏。于是诸姑伯姊,后先娣姒,靡不屏刀尺而事篇章,并组紃而工于墨。松陵之上,汾湖之滨,闺房之秀代兴,彤管之诒交作。"以沈宜修及其三女为主,吴江沈氏、叶氏的女子们,一改相夫教子、安于女红的流俗,竞相以诗文创作为风潮了。更进一步的,由于一门之内,女性作家人数的激增,在沈宜修的主导下,竟形成了皆以闺阁女子为成员的女性诗社。高彦颐《闺塾师》在对明清江南才女文化的研究中,特别将沈宜修为主的沈氏女作家群体

称作"家居式诗社",在高氏的语境下,宗族与姻亲纽带所维系的沈、叶两家的才女们,经由诗社的活动,拓展了女性的社交网,使得女性亦得以像当时的江南才子们一样,结社、吟咏、乃至结集出版。

叶小纨是沈宜修的二女,她不仅有诗词创作,而且还创作戏曲。她的戏曲作品《鸳鸯梦》今天仍然存世,因此,她也成为戏曲史上第一位有作品传世的女戏曲家。尽管她从姓氏上不属于沈氏,但因为其母亲沈宜修的缘故,更因为她又嫁给了沈璟的长孙沈永祯,因此,她和吴江沈氏有着割不断的血缘和文化关系。

叶小纨,字蕙绸,生于明神宗万历四十一年(1613),卒于清顺治十四年(1657)。叶绍袁、沈宜修二女,著诗集《存余草》,另有杂剧《鸳鸯梦》存世。她自幼聪颖过人,4岁能背蔡琰的《悲愤诗》和白居易的《琵琶行》,10岁就能吟诗作对填词曲。一次母亲让她以词、曲牌名作对,她一口气说了"一斛珠·满江红""点绛唇·剔银灯""天仙子·虞美人"等七八副对子。父亲一旁笑道:"吾儿当为易安(李清照)矣!"有意思的是,小纨的母亲沈宜修出自吴江沈家,而小纨自己又和沈璟的孙子沈永祯结为了夫妇。

叶绍袁画像

叶绍袁和沈宜修育有三个女儿,长女叶纨纨,小纨居次,小妹叶小鸾。在充满书香和亲情的家庭中,姐妹三人的手足之情也格外深厚。但作为女性,她们长大后都要出嫁。崇祯五年(1632)年,小妹叶小鸾在出嫁前五天病逝家中,大姐叶纨纨也因悲恸,于七十天后去世。妹妹和姐姐的先后离去,让叶小纨肝肠寸断,她于崇祯九年(1636)著成杂剧《鸳鸯梦》,以此追念逝去的姐妹。钱谦益说:"蕙绸《鸳鸯梦》杂剧,伤姊妹而作"。陈去病亦云:"叶小纨,以其妹小鸾之逝,悲伤极致,作《鸳鸯梦》杂剧四出,亦颇工美。"确为实情。作品写蕙百芳、昭綦成、琼龙雕三书生金兰结义、生离死别之事,实际上写的就是她们姐妹三人难分难舍的手足之情。"蕙"、"昭"、"琼"分别是小纨(字蕙绸)、纨纨(字昭齐)、小鸾(字琼章)字号的头一个字,剧中三书生的年龄也和她们姐妹三人相符合,蕙百芳20岁、昭綦成23岁、琼龙雕17岁。故事发生地则是吴江县治松陵。

剧本一开头从西王母的侍女文琴、上元夫人的侍女飞玖、碧霞元君侍女茝香"偶语相得,松柏绾丝,结为兄弟,指笠泽为盟",西王母认为她们这"虽非同世俗因缘,未免凡心少动",因此谪罚她们下凡。下分一个楔子和四出:楔子写蕙百芳(字茝香)梦见看到池中莲花盛开,其中的一朵并蒂莲十分艳冶光辉,不料一阵狂风将其吹折。醒来之后,他信步来到凤凰台,正思"一二良友,临风快谈"之际,昭綦成(字文琴)、琼龙雕(字飞玖)就出现了。他们一见如故,当下就结为兄弟,并约定次日中秋节一同赏月。

第一出,写中秋佳节三好友如约同游凤凰台,一同赏月,共饮村醪。

第二出,写蕙百芳在第二年中秋节苦苦思念昭、琼二友。

第三出,写蕙百芳夜做一梦,梦见飞玖走来,"趋前退后,短叹长吁",紧接着就得知琼龙雕病逝噩耗。蕙百芳赶去吊丧,正在抚棺之悲恸之时,又听到昭綦成因悲痛过度而身亡的丧音,蕙百芳悲伤万分,痛不欲生。

第四出写琼、昭二友离世后,蕙百芳"逍遥云水,访道寻真",经吕洞宾点化,醒悟到"人生聚散,荣枯得失,皆犹是梦",终于回头,重新与昭、琼同回瑶池相聚。

该剧情节虽然简单,但结构井然,全剧均为北曲,曲律和谐。因为带着感情写来,又是出自女性之手,故而该剧词情并茂,满纸血泪,凄惋动人。第一出写兄弟欢快时,有【混江龙】曲:

村醪相奉,笑谈今古月明中。只见那彩云飞画阁,清露滴芳丛。声唧唧惊栖宿鸟,絮叨叨催织寒蛩。今夜连朋共友,对月临风。

第三出写兄弟去世后的悲伤,有【水仙子】和【收尾】曲:

【水仙子】我三人呵,似连枝花萼照春朝,怎知一夜西风叶尽凋。容才却恨乾坤小。想著坐花阴命浊醪,教我凤凰台上空忆吹箫,只期牙尽去知音少。从今后凄断广陵散,难将绝调操。只索将鹤煮琴烧。

【收尾】哥哥,兄弟!你原来要辞苦海离尘早,一灵已往蓬莱岛。这的是生生死死还同调,俺可也石上相逢应不杳。

或许是由于沈氏女子慧而易殇,其文学作品中往往笼罩着挥之不去、难以排抑的愁肠与忧思,叶小纨的《鸳鸯梦》正是如此。对这种愁肠和忧思,有的学者将其称作

四、吴江沈氏的戏曲之风

"午梦堂气质",约略是好静喜禅、哀婉忧郁的女性情怀。美国学者高彦颐特别提到汤显祖《牡丹亭》问世以后,在江南女性读者中所引发的普遍的"情迷",并进而论述道"妇女由阅读而非现实生活中,学习在社会中的自处"。这样的情形,无疑会淡化传奇戏曲与现世生活之间的界限,由此,现世中的女性读者也往往将自己与文学作品中的女性加以重合,将柔弱、婉约的文学审美作为其立身的法则。所谓的"午梦堂气质",某种意义上,或许正是这种由现世与文学间界限的模糊所带来的结果,同时,虽然情感的丰富或是女性的特质,而阅读则往往更易使这样的特质变得更为敏感。

总之,吴江沈氏世家本是以诗文鸣世的世家大族,在沈璟的带动和影响下,形成了研习和创作戏曲的风气,在明代后期以降的诸多文学世家中,吴江沈氏在戏曲艺术领域人才辈出、硕果累累,因而自成特色,也就格外引人注目。朱彝尊《静志居诗话》说:"吴江沈氏多才,词隐生订正《九宫谱》,为审音者所宗;副使玠子自徵,字君庸,亦善词曲……世有读《录鬼簿》者,当目之为第一流"。就戏曲家族而言,吴江沈氏确乎可以当得"一流"的评价!

图书在版编目(CIP)数据

晚明"曲坛盟主":话说沈璟/朱雯,朱万曙著
.—南京:江苏人民出版社,2016.12
(文学江苏读本.第二辑)
ISBN 978-7-214-20109-6

Ⅰ.①晚… Ⅱ.①朱…②朱… Ⅲ.①沈璟(1533—1610)—人物研究 Ⅳ.①K825.6

中国版本图书馆 CIP 数据核字(2016)第 322551 号

书　　　名	晚明"曲坛盟主"——话说沈璟
著　　　者	朱　雯　朱万曙
责 任 编 辑	王翔宇
出 版 发 行	江苏人民出版社
出版社地址	南京市湖南路 1 号 A 楼,邮编:210009
出版社网址	http://www.jspph.com
照　　　排	江苏凤凰制版有限公司
印　　　刷	南京新洲印刷有限公司
开　　　本	718 毫米×1 000 毫米　1/16
印　　　张	8.5　插页 2
字　　　数	85 千字
版　　　次	2017 年 11 月第 1 版　2017 年 11 月第 1 次印刷
标 准 书 号	ISBN 978-7-214-20109-6
定　　　价	26.00 元

(江苏人民出版社图书凡印装错误可向承印厂调换)